金融機関職員のための
相続・遺言・遺言信託入門

弁護士法人 小野総合法律事務所
弁護士 横田卓也 ／ 弁護士 山﨑悠士
［著］

一般社団法人金融財政事情研究会

はしがき

平成25年９月４日、嫡出でない子の相続分を嫡出子の２分の１とする民法900条４号ただし書（当時）を違憲とする最高裁大法廷決定がなされました。これを受けて同規定の改正が行われる過程で、少子高齢化や、家族のあり方・価値観の多様化といった社会情勢の変化をふまえた相続法改正の必要性が指摘されたことをきっかけに、平成30年７月６日成立の改正法によって、昭和55年の改正以降大きな見直しがされてこなかった民法の相続法の分野について大きな改正が行われました。

この相続法改正では、配偶者居住権や遺言の保管制度などの新しい制度が注目を集めています。今後、これらの制度がどのように利用されるかは未知数ですが、他方、遺留分減殺請求の制度が遺留分侵害額請求の制度に変更されるなど、実務に直ちに大きな影響を及ぼす内容も含む改正ではないかと感じています。

筆者二名が一般社団法人金融財政事情研究会とお付き合いをさせていただくこととなったのも、上記最高裁大法廷決定の解説を書く機会を頂戴したことがきっかけであり、その後、ファイナンシャル・プランナー向けの雑誌の連載等をさせていただくなかで、本書執筆のお話をいただき、筆者としても、金融機関の職員向けの相続関連業務に関する手軽な書籍がないと思っていたこともあり、本書を執筆させていただくこととした次第です。

当事務所では、信託銀行を含む金融機関を顧客とする業務に多く関与させていただいており、信託銀行の業務では相続関連業務に関する相談も多く受けております。また、個人を依頼者とする事件も相当数扱っており、そのなかには相続関連の事件も多数あります。そのような業務を行うなかで、推定相続人のいない遺言者の遺言に関する相談、第３順位（兄弟姉妹）の相続人間の遺産に関する紛争、婚外子と配偶者およびその子との相続紛争や先妻の子と後妻との相続紛争に関する相談などが増えているように思われます。今回の相続法改正を行う理由となっている少子高齢化や家族のあり方・価値観の多様化といった社会情勢の変化がまさに感じられるところです。

社会情勢が変化していくなかで相続法の改正も行われ、今後、ますます金融機関の取り扱う相続関連業務のニーズは高まっていくのではないかと思われます。本書がその一助になれば幸いです。

令和２年10月

弁護士法人小野総合法律事務所

弁護士　**横田　卓也**

弁護士　**山﨑　悠士**

【著者略歴】

横田　卓也（よこた　たくや）

平成17年３月　明治大学法学部法律学科卒業
平成18年10月　弁護士登録（59期）
平成18年10月　弁護士法人小野総合法律事務所入所

大手信託銀行の法務部に定期的に常駐し、相続、遺言に関する相談を含め幅広い法律相談に対応。金融機関の相続、遺言にかかわる業務に精通する。また、自身でも遺言書作成、遺言執行業務を多数手がけるほか、遺産分割、遺留分等の相続にかかわる紛争案件の幅広い経験を有している。

〈著作等〉

・『会社法の実務問題と対策　中小企業のケーススタディ50』（共著、三菱 UFJ リサーチ＆コンサルティング）
・『法務・コンプライアンス対策ハンドブック　これで解決50テーマ』（共著、三菱 UFJ リサーチ＆コンサルティング）
・月刊『KINZAI　ファイナンシャルプラン』連載「押さえておきたい！　事業承継の法律知識」（平成27年４月～平成29年３月）（金融財政事情研究会）
・『FP が知りたかった！　改正事項の最短整理』（共著、金融財政事情研究会）

山﨑　悠士（やまざき　ゆうじ）

平成17年３月　筑波大学第一学群社会学類卒業
平成20年３月　一橋大学法科大学院修了
平成21年12月　弁護士登録（62期）
平成21年12月　弁護士法人小野総合法律事務所入所
平成25年２月　信託銀行系の不動産流通会社に出向（１年間）

大手信託銀行、大手オフィス仲介会社、PM 会社等を主なクライアントとし、不動産全般にかかわる相談、案件対応を多数手がける。賃料増減額、ビル建替えを前提とする立退き案件等、不動産ビジネスにかかわる事件経験も豊富に有しており、また、相続、遺言にかかわる相談も多数手がけている。

〈著作等〉

・月刊『KINZAI　ファイナンシャルプラン』連載「押さえておきたい！　事業承継の法律知識」（平成27年４月～平成29年３月）（金融財政事情研究会）
・『FP が知りたかった！　改正事項の最短整理』（共著、金融財政事情研究会）

凡　例

【法令の表記】

条文引用で法令名の表記がないものは、民法の条文を示します。

【裁判例の略記例】

最大判（決）	最高裁判所大法廷判決（決定）
最判（決）	最高裁判所判決（決定）

【主な判例集、法律雑誌等の略記】

《判例集》

民録	大審院民事判決録
民集	大審院民事判例集・最高裁判所民事判例集
刑集	最高裁判所刑事判例集
裁判集民	最高裁判所裁判集民事
高民	高等裁判所民事判例集
高刑	高等裁判所刑事判例集
東高民時報	東京高等裁判所民事判決時報
下民	下級裁判所民事裁判例集
家月	家庭裁判月報

《法律雑誌等》

新聞	法律新聞
判時	判例時報
判タ	判例タイムズ
金判	金融・商事判例

目次

第3章 遺言執行引受予諾業務・履行補助業務

第1章

金融機関の相続関連業務

Q1 金融機関の行う相続関連業務とは

金融機関が行う相続関連業務とはどのような業務でしょうか。概要を教えてください。

1 金融機関が取り扱う相続関連業務の種類

銀行、信託銀行等の金融機関が取り扱う業務にはさまざまなものがありますが、そのなかには、相続や遺言に関する業務があります。

具体的には、

① 遺言作成に関する相談から、作成した遺言書の保管、相続発生後の遺言執行業務を行うこと等を内容とする遺言執行引受予諾業務

② 相続開始後の相続人間の遺産分割協議に関して、遺産の調査や遺産分割協議および遺産分割協議書作成の補助等を行う遺産整理業務

③ 遺言執行者の行う業務の補助を行う遺言執行履行補助業務

④ 遺言書の保管を行う遺言書保管業務

などがあります。

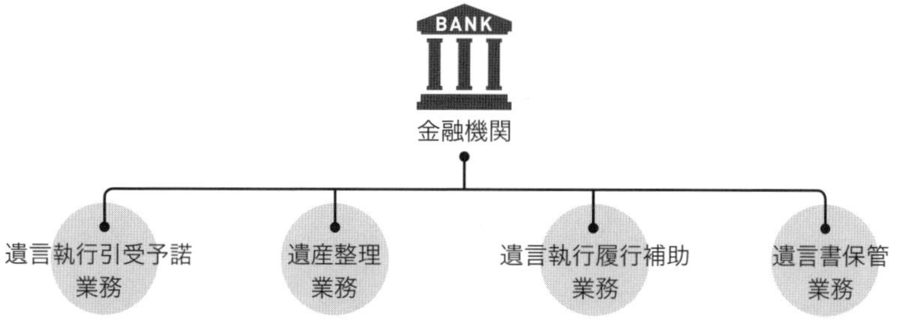

図表１－１　金融機関が取り扱う相続関連業務の種類　　出所：筆者作成

2 信託業務の兼営

これらの相続関連業務は、従来、信託銀行が行ってきた業務です。

銀行は、銀行法で認められた業務のみを営むことができるのが原則ですが、銀行をはじめとする金融機関は、金融機関の信託業務の兼営等に関する法律（以下、「兼営法」といいます）により、内閣総理大臣の認可を受けて、同法1条1項各号に規定された業務を営むことができます。

同項各号には、財産に関する遺言の執行（4号）や、財産の管理、財産の整理または清算、債権の取立てまたは債務の履行の代理事務（7号）などが規定されています。

兼営法の認可を受けた信託銀行は、これらの業務として、前記のような相続関連業務を行ってきました。

近年は、信託銀行だけではなく、地方銀行などの金融機関も、同法の認可を受けて、信託業のほか、これまで信託銀行が行ってきた前記のような相続関連業務を行うようになってきているようです。

また、信託業法の改正に伴い、同法上の内閣総理大臣の免許または登録を受けて信託業を営む信託会社が増えてきていますが、金融機関が行う相続関連業務と同様の業務を行う信託会社もあるようです。

3 遺言信託とは

前記のような相続関連業務に関する商品（特に遺言執行引受予諾業務）を指して、金融機関（特に信託銀行）では「遺言信託」と呼ぶことがありますが、法令において遺言信託という用語を用いて別の概念を規定しているものがありますので、混同しないよう注意が必要です。

すなわち、信託法3条2号では、信託を設定する方法の一つとして、遺言によって信託を設定する方法が規定されており、この遺言による信託設定について信託法では遺言信託という文言を用いています。信託法上の遺言によって信託設定することを意味する遺言信託と、前記の金融機関の行う相続関連業務に関する商品を指す遺言信託とはまったく異なる概念ですので、注意が必要です。

本書では、まずは、第１章において、前記の金融機関の行う相続関連業務の各業務の内容について解説したうえ、主としてそれらの業務に従事する金融機関の職員が業務遂行の過程で法的問題に直面したときに解決の糸口とできるよう、さまざまなケースを想定しながら、相続法を中心とした法的論点等について解説をする内容としています。

金融機関においては、前記のような相続関連業務だけではなく、預貯金や信託商品等を取り扱う窓口業務や、事業承継等にかかわるコンサルティング業務などを行う場合に、相続法の知識・理解が必要な場合もしばしばあろうかと思いますので、一部、窓口業務等において問題となる論点を想定したケースも盛り込んでいます。

Q2 遺言執行引受予諾業務とは

金融機関が行う遺言執行引受予諾業務とはどのような業務でしょうか。業務の概要や流れ、法的性質等を教えてください。

1 遺言執行引受予諾業務とは

遺言執行引受予諾業務とは、遺言をしたいと考える顧客が遺言書を作成するにあたり、金融機関が、あらかじめ、相続発生時に、遺言執行者に就任することを了承していることを前提に、遺言書において金融機関を遺言執行者に指定しておき、相続発生後には、金融機関が遺言執行者に就任して、遺言執行手続を行う業務をいいます。金融機関によっては、異なる名称で呼んでいる場合もあるかもしれませんが、本書では、このような業務を遺言執行引受予諾業務と呼びます。

2 遺言執行引受予諾業務の具体的な流れ

（1）遺言書作成に係る相談・補助業務

遺言書を作成したいと考える顧客は通常、遺言書の作成方法を含めて相続に関する法令に精通しているわけではなく、業務として相続関連業務を扱っている金融機関に相談・補助等をお願いしたいと考えるのが通常でしょう。金融機関としても、基本的に自らが遺言執行者に就任して遺言執行業務を行うことを前提とする以上、遺言執行業務に支障が生じない内容としておく必要がありますので、遺言書作成の相談・補助等を行うのが通常です。

金融機関において、遺言書の解釈に疑義を生じさせないようにし、もしくは、遺言書の内容が直ちに無効となるようなものとしないようにし、または、遺言能力を欠如した遺言者による無効な遺言とならないようにするなどの対応をするのは当然の前提ではあります。しかし、これをより確実に担保するため、遺言書の作成は、自筆証書遺言ではなく、公証人が作成する公正証書遺言で行うのが通常です。公正証書遺言であれば、紛失や偽造のリスクも避けられますし、自筆証書遺言の場合に必要な検認の手続が不要というメリットもあります。

顧客からは、財産の内容、法定相続人を中心とした親族関係、受遺者の有無、遺産の配分方法に関する希望等を聴取して遺言内容の相談を行い、公証役場との調整等を行います。なお、金融機関が遺言執行者になることを想定しているため、遺言においては金融機関を遺言執行者として指定しておく必要がありますし、遺言執行報酬についても遺言で決めておく必要があります。

公正証書遺言を作成する場合、公証役場からは、遺言者本人および遺言書に記載された相続人の戸籍謄本や、受遺者がいる場合には、受遺者の住民票（法人であれば法人の登記事項証明書）などを求められますが、法定相続人全員を確定するために必要な戸籍類のすべてが求められるわけではなく、公正証書遺言を作成して遺言執行引受予諾業務に係る契約を締結する段階で、その時点の法定相続人（推定相続人）全員を確定できる戸籍類すべてを取得しておくことは必須ではありません。

しかし、遺留分の問題がないかも含めて顧客の意向に沿った遺言の内容になっているかを確認するためには、推定相続人を確実に把握するのが望ましいですし、相続開始時にできる限りすみやかに遺言執行業務に着手できるように、できれば、契約時点における推定相続人すべてを確認できる戸籍類は提出を受けておくのが望ましいと考えます。

（2）遺言書の保管および契約の締結

公正証書遺言が作成できたら、遺言書の保管および遺言執行業務の予諾に関する契約を締結します。公正証書遺言の紛失を防ぎ、相続開始時にスムーズに遺言執行業務に着手できるよう、公正証書遺言の正本または謄本の預託を受けてこれを保管します。なお、遺言執行手続においては、実務上謄本でも対応できることが多いと思いますが、謄本はあくまでも原本の写しであり、原本と同様の効力をもつ正本の提示を求められる場合もありうると思いますので、正本の預託を受けておくのが望ましいと考えます。

(3) 相続開始までの管理

公正証書遺言作成後、相続が開始して実際に遺言執行業務を行うまでの期間は、ケースバイケースであり、長期間経過後となる場合もあります。その間に、推定相続人が変わることや、財産の状況が変わることもあるでしょうし、遺言者本人の考えや希望が変わることもありえます。そのため、状況に応じて遺言書の内容を見直す必要があります。他の取引等の関係で頻繁に接触がある顧客であれば、そのようなニーズをすみやかに把握することもできると思いますが、そうでない顧客のニーズも察知できるように、顧客(遺言者)に対して定期的に、推定相続人や財産状況の変動がないか、その他遺言の見直しの希望等がないかの照会を行うのが望ましいでしょう。

実際に、遺言書書換えのニーズがある場合には、新たな公正証書遺言の作成の補助を行い、新たに作成した公正証書遺言の正本または謄本の預託を受けて、遺言書保管および遺言執行業務の予諾に関する契約の変更契約等を取り交わします。

(4) 相続開始後の遺言執行業務

遺言者の相続が開始し、相続人等から通知を受けると、遺言執行者としての業務が始まります。

といっても、いきなり実際に遺言執行者としての業務を行うのではなく、まずは、戸籍等を収集して相続人の確定を行い、相続人や受遺者がいる場合には受遺者に遺言書の内容を開示し、相続人や受遺者の意向も確認したうえ

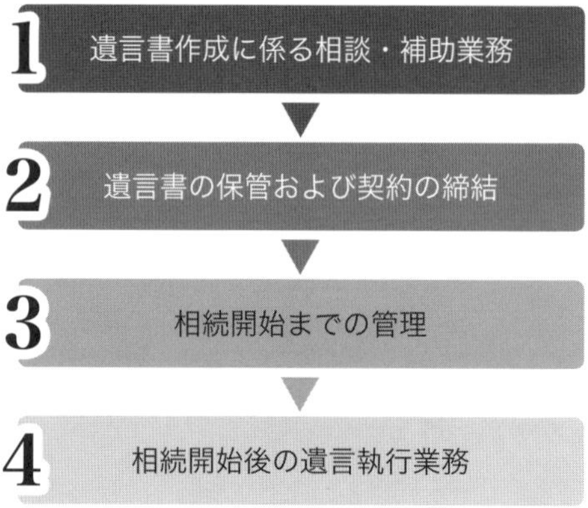

図表１－２　遺言執行引受予諾業務の流れ　　出所：筆者作成

で、正式に遺言執行者に就職するかどうかの判断をします。就職する場合には、その旨を相続人および受遺者に通知をし、実際に遺言執行業務に着手します。

遺言執行者に正式に就職するかどうかの判断は、各金融機関で、非弁行為の問題がないか（本章Ｑ５参照）や実際の遺言執行業務遂行に重大な支障が生じる問題点がないか、または相続人の意向等を中心に、就職の可否に関するルールを設けているのが一般的だと思います。

遺言執行業務では、相続財産の調査を行ったうえ、財産目録を作成して相続人に交付します。そして、遺言に従った執行手続（金融資産の換金や名義変更、不動産の所有権移転登記手続等）を行い、最後に相続人に対して遺言執行業務の顛末の報告を行います。また、相続には（相続財産が基礎控除の範囲内に収まるなど申告が不要な場合を除き）相続税の申告および納税が伴うため、相続人の要望に応じ、税理士の紹介や、相続税申告に必要な税理士との情報連携等も行うのが一般的です。

3 契約の法的性質

前記のとおり、現在の実務では、金融機関は、公正証書遺言を作成した段階で、遺言書の保管や遺言執行業務の引受予諾に関する契約書を取り交わすのが一般的なようです。

当該契約のうち、遺言書の保管については、基本的には、遺言者が金融機関に遺言書の保管を委託する寄託契約に該当すると考えられます。

遺言書の保管に対して保管料の支払を受けるのが一般的だと思いますが、その場合、有償寄託となり、受寄者は、善良なる管理者の注意をもって保管する義務（善管注意義務）を負います（400条）。

遺言執行業務の引受予諾に関する契約は、遺言執行者に就職して業務を行うことを内容とする委任契約であると解され、受任者である金融機関は善管注意義務を負うことになりますし、正式に遺言執行者に就職した後は、1004条から1021条の規定に従い、遺言執行者としての権利義務を負うことになります。

公正証書遺言作成後に契約書を取り交わすとしても、遺言の内容について相談を受け、遺言作成の補助を行う以上は、契約書を取り交わしていなくても、基本的には相談を開始した時点で当該業務を内容とする委任ないし準委任契約が成立していると考えます。したがって、遺言作成に関する相談や補助を行うにあたっても、金融機関としては、善管注意義務を負うと考えます。

4 契約内容について

遺言書の保管および遺言執行業務の引受予諾に関する契約では、次のような対価を定めることが一般的と思われます。

（1）契約時の手数料

契約時の手数料は、定額とするのが一般的です。下記（3）の遺言執行報酬と連動した複数のプラン（契約時の手数料が高額な場合は、その分を考慮して、遺言執行報酬を減額するなど）を用意していることが多いようです。

（2）契約後相続開始までの遺言書保管に係る保管料

遺言保管料については、年額で定めていることが多いようです。

（3）遺言執行報酬

遺言執行報酬は、最低額を定めたうえ、遺言執行の対象となる相続財産の価額に応じて、一定の料率を乗じて算定するのが一般的です。また、相続財産のなかに自らおよびグループ金融機関の預り資産がある場合、当該資産の部分については報酬の料率を減額していることが多いようです。

（4）変更手数料

遺言書の書換えを行う場合について、定額の変更手数料を定めることが一般的です。

（5）中途解約手数料

遺言者が生存中に契約を解約する場合や、相続開始後、遺言執行者に就職しない場合について、一定の手数料を定めておくことが多いようです。また、遺言執行者に就職後、業務の途中で家庭裁判所の許可を得て辞任する場合についても、業務の進捗状況に応じた手数料を定めておくこともあるようです。

（6）その他

遺言書の保管および遺言執行業務の引受予諾に関する契約では、業務内容および前記のような対価のほか、前記のような業務内容をふまえ、相続人や財産状況の変動があった場合の通知に関する事項、相続開始通知者に関する事項、遺言の書換えを行う場合の手続等に関する事項、中途解約に関する事項、金融機関が遺言執行者に就職しない場合に関する事項、中途解約時や遺言執行業務終了時の遺言書の返還に関する事項などを定めておくのが一般的だと思われます。相続開始通知者からは、相続開始通知者として指定されており、相続開始時には金融機関に通知する必要があることについて承諾を得ておくのが望ましいでしょう。

Q3 遺産整理業務とは

金融機関が行う遺産整理業務とはどのような業務でしょうか。業務の概要や流れ、法的性質等について教えてください。

1 遺産整理業務とは

被相続人に相続が開始した場合、遺言がある場合には、遺言に従って相続手続を行うのが原則ですが、遺言がない場合には、相続人間の遺産分割協議によって、遺産の分割が行われます。

遺産分割を行うためには、遺産の調査をしてその範囲を確定し、相続人間で遺産分割協議を行い、成立した遺産分割協議の内容に従い、実際に遺産の承継手続を行う必要があります。

しかし、遺産の調査や遺産分割協議に従った実際の承継手続には、相応の手間を要するほか、スムーズかつ的確に行うためには相応の知識が必要となりますし、遺産分割協議を行う前提として、遺産分割に関する一般的な法的知識も必要となるため、これらについて専門家がサポートを行うニーズがあると考えられます。このようなニーズに対応するものとして、遺産の範囲の調査、遺産分割協議のサポートおよび遺産分割協議に従った実際の承継手続を行う遺産整理業務があります。

また、遺言がある場合であっても、一般的に、相続人全員の合意のもと、遺言とは異なる遺産分割協議を行うことも可能と考えられており、遺産整理業務を受任することはありえます。

2 遺産整理業務の具体的な流れ

（1）相談受付

相続人から相続に関する相談を受けた場合、法定相続人はだれか、その時点で判明している遺産の概要、遺言の有無、遺言がある場合には、遺言に従った相続手続とするかどうかの相続人の意向等をまずは聴取し、遺産整理業務として受任するのが妥当な案件かどうかを検討します。なお、自筆証書遺言がある場合、遺言と異なる遺産分割協議を行うとしても、検認の手続を行っておく必要がある点に注意が必要です。

遺産整理業務として受任するかどうかの判断も、各金融機関で、非弁行為の問題がないか（本章Ｑ５参照）や実際の業務遂行に重大な支障が生じる問題点がないかを中心に、その可否に関するルールを設けているのが一般的だと思います。

遺産整理業務として受任する方向で検討する場合、まずは、相続人の確定調査を行います。相続人に法定相続人が確定できる戸籍類の取得を行ってもらうのが原則ですが、戸籍類の収集も相応の手間や知識を要するため、弁護士や司法書士等の専門家を紹介して、専門家に相続人確定調査を依頼して行うことも考えられます。

（2）契約締結

法定相続人が確定したら、相続人との間で遺産整理業務に係る委任契約を締結し、遺産整理業務に着手します。

（3）遺産の調査

まずは、遺産の調査を行い、遺産の範囲を確定します。

具体的には、相続人からの聞き取りや被相続人が自宅等に残した資料等からどのような遺産があるかのめぼしをつけて、金融機関に対する照会で預貯金、株式、投資信託などの金融資産の有無を調査し、または、不動産登記事項証明書等を取得して不動産の有無の調査等を行うのが一般的かと思います。被相続人が金融機関の貸金庫を利用している場合や自宅に金庫がある場合には、金庫には財産そのものや財産に関する資料がある場合も多いと思いますので、十分に確認する必要があります。時には、宝石類や金、骨董品等の価値のある動産類がある場合もあろうかと思います。

遺産の範囲が確定したら、遺産目録を作成して相続人に交付するのが一般的です。

（4）遺産分割協議の調整および遺産分割協議書の作成

確定した遺産の内容をふまえ、相続人間で遺産分割協議を行います。

遺産分割協議は相続人間で行う必要がありますので、具体的な協議は相続人間で行ってもらい、遺産整理業務の受任者としては、遺産分割に関する法的な考え方の一般論を説明し、または、必要に応じて相続人間の連絡役などの補助を行います。また、税理士に相続税のシミュレーションを依頼するにあたり、必要な情報提供等を行います。

相続人間で遺産分割協議の内容がまとまったら、遺産分割協議書を作成し、相続人に署名・押印をしてもらい、正式に遺産分割協議を成立させます。

（5）遺産分割協議に基づく相続手続

遺産分割協議が成立したら、その内容に従い、遺産の承継手続（金融資産の換金や名義変更、不動産の所有権移転登記手続等）を行います。

（6）顛末の報告

遺産分割協議に基づく遺産の承継手続が完了したら、相続人に対し、遺産整理業務に関する顛末の報告を行います。

（7）その他

相続には（相続財産が基礎控除の範囲内に収まるなど申告が不要な場合を除き）相続税の申告および納税が伴うため、相続人の要望に応じた税理士の紹介や、相続税申告に必要な税理士との情報連携等も行うのが一般的です。

さらに、相続とは別の事項になりますが、相続人は、遺産相続によって資産が増えることにより、資産運用に関心が出てくる場合もあるため、相続手続後の資産運用に関するアドバイス等を行うこともあります（金融機関としては、相続関連業務からの収益だけではなく、相続関連業務を契機として増加した資産を活かした新たなビジネスチャンスととらえているものと考えられます）。

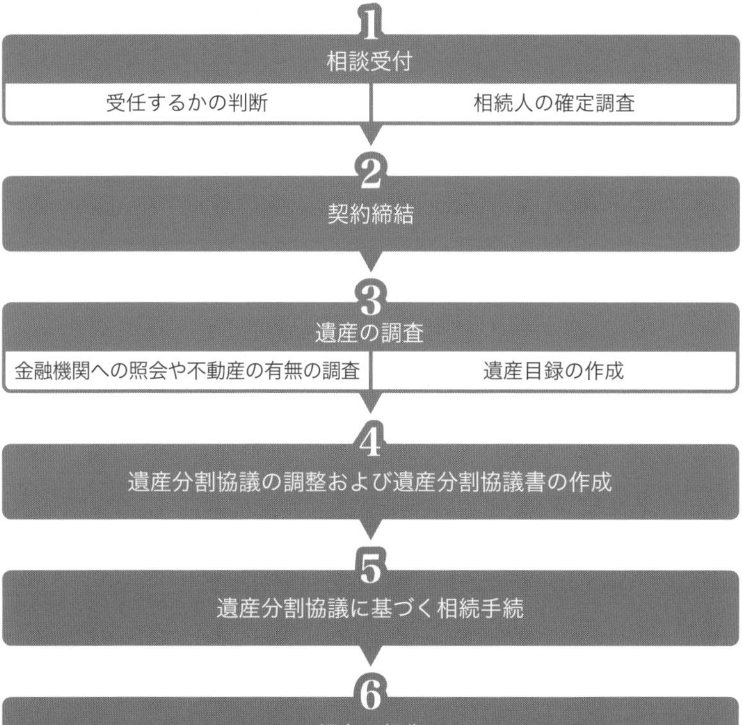

図表１－３　遺産整理業務の流れ　　出所：筆者作成

3 契約の法的性質

遺産整理業務は、前記のような業務を業務内容とする委任ないし準委任契約であると解されますので、遺産整理業務の受任者たる金融機関は、遺産整理業務を行うにつき善管注意義務を負うこととなります（644条）。

また、業務が終了した後は、遅滞なくその経過および結果を報告する必要があり（645条後段。これに対応したものが前記第２項（６）の顛末の報告です）、さらに、委任者である相続人から請求があるときは、いつでも遺産整理業務の処理の状況を報告する必要があります。

4 契約内容について

遺産整理業務に係る委任契約では、対価として、最低額を定めたうえ、対象となる相続財産の価額に応じて、報酬を算定する内容を定めるのが一般的です。遺言執行引受予諾業務と同様に、遺産のなかに自らおよびグループ金融機関の預り資産がある場合、当該資産の部分については報酬の料率を減額していることが多いようです。

また、遺産整理業務は、さまざまな事情で中途解約により終了する場合があるため、業務の途中で契約が終了した場合の報酬についても定めておくのが一般的です。トラブルがないように、できる限り、業務の進捗状況に応じた具体的な金額をあらかじめ定めておくのが望ましいでしょう。

遺産整理業務は、相続人の一部から受任することも理論的には可能と考えられます。しかし、一部の相続人からの委任では、遺産の調査が不十分となり遺産の全体が把握できないおそれが相対的に高まりますし、相続人全員の足並みがそろっていないと、遺産分割協議の過程で紛争が生じるなど遺産分割協議がまとまらない可能性も高くなる懸念があるため、基本的には相続人全員から依頼を受けるのが望ましいと思います。もっとも、受任者として業務遂行するうえで、事実関係の確認や手続の進め方に関する意向確認、書類の授受等を常にすべての相続人との間での行うのは煩雑ですので、相続人の代表者を定め、基本的には受任者としては代表相続人との間でやりとりを行うことを定めておくのが望ましいと考えられます。現在の実務でも、金融機関は原則として相続人全員からの依頼で遺産整理業務を受け、代表相続人を定めて、基本的には代表相続人との間でやりとりする内容を定めているのが一般的であると思います。

その他、遺産整理業務に係る委任契約では、代表相続人の役割や変更に関する事項、遺産の保管方法や受渡し方法に関する事項、中途解約に関する事項などを定めておくのが一般的だと思われます。

Q4 その他の相続関連業務

遺言執行引受予諾業務や遺産整理業務のほかに、金融機関が行う相続関連業務にはどのようなものがあるでしょうか。

1 その他の相続関連業務とは

金融機関が行う相続関連業務は、本章Q２およびQ３に記載した遺言執行引受予諾業務および遺産整理業務が中心になると思いますが、さらに、これらに関連する業務として、法定相続人等が遺言執行者になっている場合に、その執行業務の補助を行う遺言執行履行補助業務や、遺言書の保管のみを行う遺言書保管業務などもあります。

2 遺言執行履行補助業務

遺言において相続人や受遺者等が遺言執行者に指定されている場合もありますが、通常、遺言執行者として業務を行うにあたっての専門的知識は十分になく、これをサポートするニーズがあると考えられます。これに対応するのが遺言執行履行補助業務です。

平成30年法律第72号による民法改正（相続法改正）に係る改正前の民法1016条では、遺言者が遺言で反対の意思表示をしている場合を除き、遺言執行者は、やむをえない事由がなければ第三者に任務を行わせることはできないと規定されていました。かかる規定は、遺言執行者としての業務についておよそ第三者に行わせてはならないという趣旨ではなく、個々の執行業務について、第三者を履行補助者として利用し、その範囲で代理権を与えることは可能と考えられていますので、遺言執行者が補助業務を金融機関に委託することは問題がないと考えられます。

他方、現行の民法1016条では、遺言者が遺言で別段の意思表示をしている場合を除き、遺言執行者は、自己の責任で第三者に任務を行わせることができると規定されているため、金融機関に履行補助業務を委託することは問題ありません。

もっとも、補助業務とはいっても、遺言執行者に就職しているのは専門的知識のない個人が想定されるため、実際は、指導的立場となって、遺言執行業務の実務のほとんどを金融機関が主導して行うのが通常かと思います。

遺言執行履行補助業務に係る契約は、遺言執行者との契約であり、遺言執行業務の補助等を業務内容とする委任ないし準委任契約であると解されます。

相続人や受遺者と契約を締結するわけではないため、相続人や受遺者に対して契約上の義務を負うことはありませんし、また、遺言執行者に就職するわけではないので、遺言執行者としての相続人等に対する義務を直接負うわけではありません。

しかし、前記のとおり遺言執行履行補助業務を受任した金融機関は、指導的立場で業務のほとんどを主導的に行うこと等から、相続人や受遺者に対して、遺言執行業務に関して法的な注意義務を負う場合もあると考えられ、これに違反した場合には、損害賠償義務を負うこともあると考えられます。

実際に、信託銀行が遺言執行履行補助業務を受任して遺言執行業務を行っていたが、遺言執行者として行うべき相続人に対する適切な報告を行っていなかった事案で、補助業務を受任していた信託銀行にも相続人に対する注意義務違反を認めて、不法行為に基づく損害賠償義務を認めた判決（東京地判平成19年12月3日判タ1261号249頁）があります。

遺言執行履行補助業務に係る委任契約では、業務内容や対価としての報酬（報酬については、遺言執行引受予諾業務や遺産整理業務と同様に、財産価額に応じて一定の料率を乗じて算定する方法を定めるのが一般的と思われます)、中途解約に関する事項などを定めておく必要があろうかと思います。

3 遺言書保管業務

自筆証書遺言や公正証書遺言の預託を受けて、相続開始まで保管し、相続開始を知った場合に、指定された者に遺言書を交付することを主たる内容とする業務です。

顧客がすでに作成した遺言の保管を受ける場合もあれば、遺言作成の相談や補助を行ったうえ、保管を受ける場合もあろうかと思います。

自筆証書遺言の保管を受ける場合、相続開始後に家庭裁判所の検認手続を行うことも業務に含まれます。

すなわち、自筆証書遺言については、遺言書の保管者は、相続開始を知った後、遅滞なく、これを家庭裁判所に提出して、その検認を請求しなければならないとされており(1004条1項)、遺言書の預託を受けて保管している金融機関としては、遺言書の保管者として、検認の請求を行う必要があります。この検認手続を怠ると過料の制裁(1005条)がありますので、注意が必要です。

遺言書保管業務に係る契約の法的性質は、寄託契約であると解され、遺言作成の相談や補助を行う場合や、検認手続を行う場合、当該業務の部分については、委任ないし準委任契約の法的性質を有するものと考えられます。

契約内容としては、業務内容や対価としての報酬、相続開始通知者に関する事項、遺言書を返還する相続人に関する事項、中途解約に関する事項などを定めておく必要があろうかと思います。

報酬については、定額の手数料および年額または月額の保管料を定めることが一般的だと思います。

4 その他

前記のほか、報酬を低額にした遺産整理業務の一部だけを行っている金融機関もあるようです。

また、近年は、事業承継等のニーズに対応して、顧客の希望に沿った財産の承継を行うために顧客が生存中に設定する信託契約や、信託法に定められた、遺言書によって信託を設定する遺言信託などの信託商品もさまざまなものが販売されています。

Q5 相続関連業務と非弁行為

当行で遺言執行引受予諾契約を締結している遺言者に相続が発生したとの連絡があったのですが、一部の相続人が遺言能力の欠如を理由として遺言の有効性を争う意向であり、弁護士に依頼して訴訟提起の準備をしているようです。公正証書遺言であり公証人による意思確認もされていますし、当行の担当者は、遺言作成時から関与しており、遺言能力に問題がなかったことに自信をもっているため、遺言執行者に就職して業務を行いたいと考えているのですが、問題はありますか。

1 非弁行為とは

弁護士法72条は、法律に別段の定めがある場合を除き、弁護士または弁護士法人でない者が、報酬を得る目的で訴訟事件等その他の一般の法律事件に関して鑑定、代理、仲裁もしくは和解その他の法律事務を取り扱うことを業とすることを禁止しています。また、同法74条は、弁護士または弁護士法人でない者が、弁護士の標示等をすることや法律事務を取り扱う旨の標示等をすることを禁止しています。これらの規定に違反すると刑事罰が科されます（同法77条３号または77条の２）。弁護士または弁護士法人以外の者が弁護士または弁護士法人しか行うことのできない行為を行うことを非弁行為などと呼びます。

過去の裁判例では、一般の法律事件とは、法律上の権利義務に関して争いや疑義がある案件または新たな権利義務関係の発生する案件などとされ、また、法律事務の取扱いとは、法律上の効果を発生、変更する事項の処理をいう（東京高判昭和39年９月29日高刑17巻６号597頁等）などとされています。なお、「鑑定」とは法的見解を述べることをいうと考えられますので、法的相談に応じることも含まれます。

法律事件の解釈については、特に「事件性」を必要とするかどうかをめぐって見解の対立があります。最判平成22年７月20日刑集64巻５号793頁は、「事件性」という文言は用いていないものの、ビルの所有者から委託を受けて立退き交渉を行った事案において、立退き料の額等をめぐって交渉において解決しなければならない法的紛議が生ずることがほぼ不可避である案件という理由もあげて一般の法律事件に当たるとの判断をしており、かかる最高裁の判断をふまえると法律事件といえるためには一定の紛争的要素は必要といえそうです。ただし、当該最高裁判決をふまえても法律事件の解釈については依然として見解の対立がありうるところであり、法律事件の解釈については慎重な検討が必要です。

2 銀行の相続関連業務は非弁行為に該当するか

前記のとおり、そもそも非弁行為に当たるかどうかの判断は容易ではない場合も多いですが、金融機関の行う遺産整理業務や、遺言作成に係る相談を含めた遺言執行引受予諾業務は、非弁行為に該当しうる業務であると考えられます。

昭和50年代頃から信託銀行が遺言執行引受予諾業務をはじめとする相続関連業務を積極的に行うようになり、これを受けて、昭和50年代後半から昭和60年代前半にかけて、日本弁護士連合会（以下、「日弁連」といいます）のなかで信託銀行の行う相続関連業務に関して、弁護士法72条または74条に違反するものがあるなどの問題提起がされ、その後、日弁連と一般社団法人信託協会（以下、「信託協会」といいます）との間で協議が行われ、平成６年２月22日付で後記のとおりの合意書が締結されるに至りました。

3 合意書の具体的内容

（1）遺言書作成相談に係る業務

顧客の財産に関して本人と推定相続人その他の者との間で現に法的紛争があり、または法的紛争が生じる蓋然性がきわめて高いと認められる場合には、相談に応じないこととされています。たとえば、顧客が自己の財産と認識している不動産について、推定相続人や第三者との間でその所有権の帰属をめぐって訴訟係属中である場合、または、遺言作成を検討している顧客が、子どものいない兄弟を被相続人とする相続について他の兄弟と遺産分割をめぐって調停中であるなどの場合があげられると思います。

（2）遺産整理業務

分割協議がまとまらないときは、当該遺産整理業務を打ち切るものとし、分割協議を成立させるために、信託銀行が遺産分割案を作成・提示したり、調停工作に関与・助力したりすることは避けることとされています。たとえば、委任を受けた当初は相続人間で意見の相違はなかったものの、実際に遺産の範囲を確定し、具体的な分割方法について協議を始めたところ、特別受益を主張するなど具体的な相続分について意見の相違が生じ、または、不動産の具体的な分割方法をめぐって意見の相違が生じ、相続人がそれぞれ弁護士を就けて交渉を行う事態に至ったような場合があげられると思います。そのような場合には、金融機関のほうから一部または全部の相続人に対して、分割方法について助言をするなどして合意が成立するように働きかけをするようなことは避けるべきであり、状況に応じて、遺産整理業務の打ち切り（委任契約の解約）を検討すべきと考えます。

また、合意書に直接的な記載はありませんが、遺産整理業務を受任する前の段階で、すでに相続人間において具体的相続分や分割方法をめぐって意見の対立がある場合や、自筆証書遺言がありその有効性について意見の対立があるような場合には、そもそも遺産整理業務を受任するべきではないでしょうし、法的な観点（自筆証書遺言の有効性についてなど）の意見を求められたとしても、意見を述べるべきではないでしょう。

（3）遺言執行業務

遺言執行者就任前にすでに法的紛争が生じており、遺言執行業務を遂行することが著しく困難と認められる場合には、遺言執行者に就任しないこととされています。たとえば、相続人間において、養子縁組無効が主張されるなど法定相続人としての地位をめぐる争いがあり訴訟が提起された、または、一部の相続人が遺言の無効を主張して訴訟を提起したなどがあげられると思います。遺言執行者への就職を検討している案件において、このような状況がある場合には、就職は辞退すべきでしょう。私見としては、遺言の内容に納得できない相続人の一人が特段合理的理由もなく遺言の無効を主張しているだけであれば、法的紛争が生じているとはいえないと考えますが、遺言作成時に認知症であったことを示す診断書があり、弁護士も就いて訴訟提起を検討しているといった状況であれば、法的紛争が生じていると考える余地も十分にあると思いますので、慎重な対応が必要かと思います。

なお、信託銀行において、遺言執行業務を行うことができるのは、本章Ｑ１に記載のとおり、兼営法１条１項４号に「財産に関する遺言の執行」と規定されているからであり、財産に関する遺言執行だけを行うことも確認されています。

（4）宣伝・広告について

前記のとおり、相続関連業務に関して業務を行うことができない場合もあることから、相続や遺言に関してすべての相談に応じるという趣旨の宣伝・広告は避けるべきとされています。

「どのような相談にも応じます」といった宣伝・広告を行うべきではないことはもとより、宣伝・広告においては法的紛争がある場合には応じられない場合があることを注意喚起する文言を記載するのが望ましいといえるでしょう。

4 合意事項の遵守

あくまでも日弁連と信託協会との合意事項ではありますが、金融機関が相続関連業務を行うにあたり、非弁行為を行わないようにするためには当該合意が重要な指針となるでしょうし、信託協会に加盟する金融機関としては当該合意を遵守する必要があるでしょう。

当該合意に違反する業務を行うことは、単なる日弁連と信託協会の合意違反というだけではなく、刑事罰のある弁護士法違反となるおそれがあることを念頭に置いて、慎重な対応が望まれます。

また、合意違反とならないようにするため、遺産整理業務に係る委任契約では、金融機関側からの中途解約事由として、遺産分割協議がまとまらないことや相続人間で法的紛争が生じた場合などを定めておくべきでしょうし、遺言執行引受予諾業務に係る委任契約においても、遺言執行者への就職を辞退する事由として、法的紛争が生じるなどして遺言執行業務の履行が困難であるときといった項目を盛り込むべきでしょう。

5 本件の検討

前記のとおり、少なくとも、遺言の有効性をめぐって訴訟が提起されるに至れば、法的紛争がある場合に該当すると考えられますので、遺言執行者への就職は避けるべきでしょう。仮に、遺言書作成時の経緯等をふまえて、遺言が無効になることはないとの自信がある場合でも、遺言執行者へ就職すべきではありません。

第2章

相続法全般（共通事項）

Q1 廃除と欠格事由

遺言執行履行補助業務の依頼の相談で、被相続人Ａの遺言には、相続人への財産の配分方法が定められているほか、「Ａに対し、たびたび暴行等の虐待を加えた長男Ｂを相続人から廃除する」旨の条項が設けられ、相続人Ｃが遺言執行者に指定されています。上記のような廃除の条項がある遺言について、遺言執行履行補助業務を受託することはできますか。

1 相続人の資格を失う場合

民法には、相続人の資格が失われる場合として、欠格事由（891条）と推定相続人の廃除（892〜895条）の規定が設けられています（なお、推定相続人とは相続が開始した場合に相続人となるべき者をいいます）。

2 相続人の欠格事由

相続人に欠格事由が認められる場合、当該相続人は相続人となることができません（891条）。このように、相続人の欠格事由は、欠格事由に該当する者について、被相続人の意思にかかわらず、法律上当然に相続権を失わせる制度です。

欠格事由は、次に定める者について認められます（同条１〜５号）。

一　故意に被相続人又は相続について先順位若しくは同順位にある者を

死亡するに至らせ、又は至らせようとしたために、刑に処せられた者
二　被相続人の殺害されたことを知って、これを告発せず、又は告訴しなかった者。ただし、その者に是非の弁別がないとき、又は殺害者が自己の配偶者若しくは直系血族であったときは、この限りでない。
三　詐欺又は強迫によって、被相続人が相続に関する遺言をし、撤回し、取り消し、又は変更することを妨げた者
四　詐欺又は強迫によって、被相続人に相続に関する遺言をさせ、撤回させ、取り消させ、又は変更させた者
五　相続に関する被相続人の遺言書を偽造し、変造し、破棄し、又は隠匿した者

ところで、上記のとおり、相続人に欠格事由がある場合、その相続人は当然に相続人としての資格を喪失しますが、被相続人が、相続欠格の宥恕（ゆうじょ）をすることができるか、つまり、欠格事由の効果を消滅させることができるかについては争いがあり、相続欠格の宥恕を認める見解も有力であるようです。このような見解に立てば、遺言者において相続欠格の宥恕を希望する場合は、遺言書において、相続欠格を宥恕する旨の規定を設ければよい（当該条項は有効である）との帰結になります。

なお、欠格事由に該当する相続人がいる場合でも、当該相続人の子等の代襲相続権は失われません（887条２項）。

3 推定相続人の廃除

推定相続人（遺留分を有する推定相続人に限る）の廃除は、推定相続人に廃除の事由がある場合に、被相続人の意思により、その推定相続人の相続資格を失わせる制度です。廃除の方法には、被相続人が生前自ら家庭裁判所に廃除の請求を行う方法（892条）と、遺言で推定相続人を廃除する意思を表示

する方法（893条）があり、いずれも、家庭裁判所の審判によってその効力が生じます（家事事件手続法39条、別表第１・86）。

推定相続人の廃除が認められるためには、廃除の事由、すなわち、推定相続人が被相続人に対して虐待をし、もしくはこれに重大な侮辱を加えた場合、または推定相続人にその他の著しい非行があったことが必要です。

廃除が認められる場合、効力は廃除された推定相続人についてのみ生じ（相対的効力）、したがって、被廃除者の子等の代襲相続権まで失われるものではありません。

遺言による廃除の場合、その執行は遺言執行者による必要があり、相続人が推定相続人の廃除の審判事件の申立てをすることはできません。遺言で遺言執行者の指定がない場合は、その選任を家庭裁判所に申し立てる必要があります。遺言執行者は、その遺言が効力を生じた後、遅滞なく、その推定相続人の廃除を家庭裁判所に請求しなければなりません（民法893条）。推定相続人の廃除は家事審判事件ですので、対象者を相手方とし、家庭裁判所に推定相続人の廃除を求める審判の申立てを行います。なお、審判において審理の対象となる廃除の事由については、遺言で廃除事由が特定されていなくても、廃除の意思が明らかである以上、家庭裁判所は職権で廃除事由の有無について調査すべきと考えられているようですが、被相続人が亡くなった後の場面であり、廃除事由の有無は相手方から争われることが想定されます。そこで、遺言書作成にあたっては、廃除事由をどのように証拠化するか（遺言の条項にどこまで盛り込むか）が検討されるべきといえます。この点、遺言書は金融機関等を含む他の関係者の目に触れる機会が多く、廃除の対象となる推定相続人の名誉やプライバシーを侵害するおそれもあることから、遺言書では抽象的な表現にとどめ、廃除事由に関する具体的事実については公証役場で宣誓認証の制度を利用し、記録化する方法も検討に値すると考えられます。

推定相続人の廃除の審判が確定したときは、推定相続人の廃除は被相続人の死亡の時にさかのぼってその効力を有します（893条）。この場合、遺言執行者は、審判が確定した日から10日以内に、戸籍法に従った届出を行う必要があります（同法97条、63条１項）。

4 非弁行為との関係

ところで、日弁連と信託協会との間で締結された合意書では、遺言執行業務については「財産に関する事項」のみ執行することができ、「身分に関する事項」については執行することができない旨が定められているところ（第１章Ｑ５参照）、推定相続人の廃除は「身分に関する事項」に当たりますので、金融機関において執行業務にあたることはできません。

ただし、遺言書に財産に関する事項と身分に関する事項とが併記されている場合で、両者を分離して処理することができることとなったときは、財産に関する遺言を執行することはできるとされています。

5 本件の留意点

以上のとおり、金融機関は、身分に関する事項の遺言執行を行うことはできませんので、廃除に関する条項が設けられている遺言の遺言執行履行補助業務の依頼は謝絶すべきです。

ただし、財産に関する事項も併記されている場合で、両者を分離して処理することができることとなったときは、財産に関する事項の遺言執行業務を行うことはできますので、まずは、遺言執行者である相続人において、廃除の手続を行ってもらい、その完了が確認できた段階で、財産に関する事項の遺言執行の履行補助の依頼を受けてこれを行うことは可能と考えます。

Q2 相続資格の重複

被相続人Aには実子B、CおよびDがおり、また、AはBの唯一の子であるEと養子縁組をしています。Aは全財産をBに相続させる公正証書遺言をして亡くなりましたが、BはAより先に亡くなっていました。

今般、相続人であるC、DおよびEから、相続手続に関する相談を受けているのですが、公正証書遺言の効力はどのように考えるべきでしょうか。Bに対する相続させる遺言は、代襲相続人であるEに対する遺言とみるべきでしょうか。それとも、Aに先立ちBが死亡している以上、遺言は無効になるのでしょうか。

また、公正証書遺言が無効である場合、遺産分割をするにあたり、Eは養子としての地位と代襲相続人としての地位を有しますが、各相続人の相続分はどのように考えるべきでしょうか。

1 法定相続人

相続が発生すると、第1順位として被相続人の子が相続人となります（887条1項）。子が先または同時に死亡している場合や、欠格事由や廃除により相続権を失った場合は、その者の子が代襲相続人となります（同条2項）。このように、代襲原因は子が先に死亡していることや欠格事由、廃除の場合であり、相続放棄は代襲原因ではないため、子が相続放棄した場合には代襲相続は発生せず、次順位に相続権が移ります。被相続人の直系卑属でない者は代襲相続人にはなれないため（同項ただし書）、養子縁組前の養子の子は、代襲相続人にはなりません。また、代襲相続人が先または同時に死亡している場合や、欠格事由や廃除により相続権を失った場合は、代襲相続人の子がいれば、その子が代襲して相続します（同条３項）。

そして、887条の規定で相続人となる者がいない場合は、直系尊属が相続人となり、直系尊属も全員、先もしくは同時に死亡し、欠格事由や廃除により相続権を失い、または相続放棄をした場合は、兄弟姉妹が相続人となります（889条１項）。兄弟姉妹については、一代に限り、代襲相続が発生します（同条２項）。

なお、配偶者がいる場合、配偶者は常に相続人となります（890条）。

2 相続させる遺言と代襲相続

子に対して全財産を相続させる遺言があるときにその子が遺言者と同時または先に死亡している場合において、その子に子（代襲相続人）がいる場合、当該遺言が代襲相続人に対する相続させる遺言として効力を生ずるかが問題となります。

この点、当該遺言に係る条項と遺言書の他の記載との関係、遺言書作成当時の事情および遺言者の置かれていた状況などから、遺言者が、当該推定相続人の代襲者その他の者に遺産を相続させる旨の意思を有していたと認められる特段の事情のない限り、代襲相続人に対する相続させる遺言として効力を生ずることはないとするのが判例（最判平成23年２月22日民集65巻２号699頁）です。

3 相続資格の重複

一人の者が有する法定相続人としての資格は一つであるのが通常ですが、場合によっては、一人の者が、特定の被相続人との関係で相続人としての資格を複数有する場合（重複する場合）があります。

この相続人の地位の重複には、①異なる順位間の重複と、②同順位間での重複があると考えられます。

（1）異なる順位間の重複

たとえば、①に該当する場合として、ＡにはＢおよびＣ二人の子が、ＢにはＤという子がおり、ＤがＡと養子縁組をしている場合、Ｂを被相続人とする相続に関し、Ｄは子として第1順位の資格を有するとともに、兄弟姉妹として第3順位の資格も有することになります。

また、兄姉が弟妹と養子縁組をした場合も、養子となった者は、子として第1順位の資格を有するとともに、兄弟姉妹として第3順位の資格も有します。

これらの場合、同時に複数の資格が問題となるわけではなく、厳密には重複とはいえないと思われますが、第1順位の地位に関して相続放棄をしたような場合に、第3順位の資格で相続人となるかといったかたちで問題となることが考えられます。

（2）同順位間での重複

他方で、②については、本件のように、養子と代襲相続人としての地位を有する場合や、子のいないＡの配偶者Ｂが、Ａの両親と養子縁組をし、Ａの両親が先に亡くなり、その後Ａが亡くなった場合に、Ｂは配偶者と兄妹姉妹としての地位を有するような場合が考えられます。

前者の養子と代襲相続人の地位を有する場合、どちらかの地位だけを有することになるのか、双方の地位があるとして相続分が加算されるのかが問題となるところ、この点を判断した最高裁判例は見当たりませんが、両方の地位を有する（二つの資格の相続分が加算される）とする先例（昭和26年9月18日民事甲1881号民事局長回答）があるところであり、一般的には、両方の地位を有すると解されています。

他方で、後者の配偶者と兄弟姉妹としての資格を有する場合に、両方の地位を有するかについては、見解の分かれるところですが、配偶者としての相続分のみを取得し、兄弟姉妹としての相続分は取得しないとする先例（昭和23年８月９日民甲2371号民事局長回答）が存在しますので、配偶者としての相続分のみを取得すると考えるのが無難と思われます。

4 本件の留意点

まず、本件における公正証書遺言は、子であるＢに全財産を相続させる遺言ですが、Ｂが先に亡くなっているため、Ｂの子Ｅは代襲相続人になりますが、前記最判に従えば、原則として、Ｅに対して全財産を相続させる遺言と読み替えることはできず、同遺言は無効になると考えられます。

ただし、遺言書の記載ぶりや、Ａによる遺言作成時の事情やＡの置かれた状況等をふまえて、特にＢが亡くなっている場合には代襲相続人となるＥに全財産を相続させる意思があると認められる特段の事情がある場合には、Ｅへ相続させる遺言と読み替えることになりますので、そのような特段の事情がないかの確認を慎重に行うべきと考えます。

かかる特段の事情がなければ、原則どおり、遺言は無効となりますので、相続人間で遺産分割協議を行う必要があります。

この場合、法定相続人は、実子であるＣおよびＤならびに養子兼代襲相続人であるＥの三名ということなり、Ｅについては、前記のとおり、養子の立場および代襲相続人の立場の双方の相続分が認められるため、法定相続分は、Ｃが４分の１、Ｄが４分の１、Ｅが２分の１となり、これを前提に、具体的な遺産分割の方法について協議することになります。

Q3 金融資産の遺産性について

相続の場面における預貯金債権の取扱いについて、従来の考え方を変更する最高裁判例が出たと聞いたのですが、その内容について教えてください。

また、株式や投資信託の相続の場面における考え方についても教えてください。

1 相続の場面における金銭債権の取扱い

相続が発生すると、被相続人に属した財産は相続人の共有（898条）となり、相続人間の遺産分割協議（当事者間の協議がまとまらない場合は、家庭裁判所での調停または審判）によって、各相続人への具体的な分割方法を定めるのが原則です。

しかし、相続財産のなかに可分債権がある場合、当該可分債権は、相続開始に伴い、法律上当然に、各法定相続人に法定相続分に応じて分割され、各相続人は法定相続分に応じて権利を承継すると解されています（最判昭和29年4月8日民集8巻4号819頁）。

貸金返還請求権や損害賠償請求権などの金銭債権は基本的に可分債権であると考えられるため、相続開始に伴い、法定相続分に応じて当然に分割されます。

法律上当然に分割されるため、遺産分割協議は不要であり、実務上も、家庭裁判所における遺産分割調停・審判手続においては、原則として、可分債権は審理の対象とはならず、当事者たる相続人全員が可分債権も含めて遺産分割を行うことを合意した場合に限り、審理の対象とする取扱いがされています。

2 預貯金債権について

預貯金債権については、従来は、一般的な金銭債権と同様に、可分債権として相続開始に伴い当然に法定相続分に応じて分割されると解されていました（ただし、定額郵便貯金債権など一部例外あり）。

しかし、特別受益等を考慮した具体的相続分に応じて公平な遺産分割を実現するためには、預貯金も遺産分割の対象となる遺産に含めるのが望ましいと考えられること、法的性質としても、預貯金契約は消費寄託の性質を有するものであり、預貯金の返還請求権という単純な金銭債権だけではなく、種々の権利義務関係を生じさせる契約であること等から、判例が変更され（最大決平成28年12月19日民集70巻８号2121頁）、預貯金債権は、相続開始に伴って当然に分割されるのではなく、遺産分割の対象となることとされました。

銀行窓口業務における実務では、従来から、当然分割が原則といっても、必ずしも、直ちに相続人ごとの法定相続分に応じた預金の払戻しに応じていたわけではなく、相続人全員の同意や遺産分割協議の成立を求めていたと思

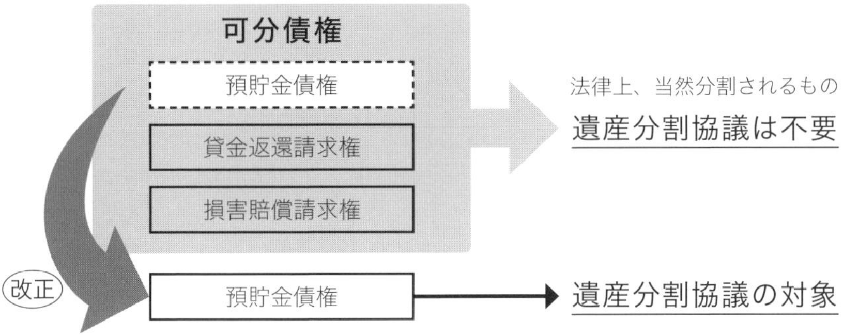

図表２－１　預貯金債権の取扱い　　出所：筆者作成

われますが（なお、近年は、金融機関によっては、事案に応じて法定相続分による払戻しに応じることもあったかと思います）、前記最大決以降は、預貯金債権については、法定相続分に応じた払戻しに応じてはならず、相続に伴う預貯金の払戻しについては、相続人全員の同意を求めるか、遺産分割協議に基づくことが必須ということになります。なお、預貯金の特定財産承継遺言（相続させる遺言）や遺贈がある場合には、これらにより預貯金の帰属が決まることになります。

3 不動産賃料の取扱いについて

不動産そのものは、相続開始に伴い、相続人間の共有となり、遺産分割によってその帰属を決定することになります。

不動産を第三者に賃貸している場合、賃料が発生するところ、相続開始後遺産分割が成立するまでに発生する賃料債権については、遺産共有状態にある不動産から生じるものですが、相続開始後に発生するものであることから遺産ではなく、遺産とは別個の財産として、共有者たる法定相続人に法定相続分に応じて当然に分割されて各自が単独で取得し、遺産分割の影響を受けないと解されています（最判平成17年9月8日民集59巻7号1931頁）。

4 株式、投資信託受益権、債券の取扱いについて

株式、投資信託、債券については、いずれも単純な金銭債権ではなく、種々の権利（株式であれば議決権などの共益権、投資信託受益権であれば帳簿書類の閲覧請求権等）が含まれる権利であるというその内容および性質に照らして、いずれも、相続開始に伴い当然に分割されるものではなく、遺産分割の対象になると考えられます（株式、委託者指図型投資信託受益権および国債に関する

ものとして最判平成26年２月25日民集68巻２号173頁）。

また、相続開始後遺産分割成立までに発生した投資信託受益権の元本償還金または収益分配金については、当然に分割されることはない受益権の内容を構成するものであることから、法定相続分に応じて当然に分割されることはなく、各相続人が相続分に応じて請求できるものではないと考えられます（最判平成26年12月12日裁判集民248号155頁）。なお、同最判は、正確には、相続開始後に元本償還金または収益分配金が発生し、それが預り金として当該受益権の販売会社における被相続人名義の口座に入金された場合の当該預り金の返還を求める権利についての判断ですが、前提として、元本償還金または収益分配金そのものが当然に分割されるわけではないという判断をしているものと思われます。

前記のとおり、不動産の賃料債権は当然分割と解されていることとの違いの理由については、必ずしも判然としませんし、また、相続開始後に発生した元本償還金または収益分配金の最終的な帰属は遺産分割協議で決める必要があるのかも明らかではありませんが、いずれにしても、相続人全員の合意によってその帰属を決定する必要があるものと考えられます。

相続開始後遺産分割成立までに発生した株式の配当金については、これを判断した最高裁判例は見当たりません。

賃貸不動産から生じる賃料と同様に考える余地もあるとは思いますが、私見としては、株式の配当金請求権も、共益権等を含む種々の権利の集合体である株式の権利の一つの内容を構成するものであり、賃貸不動産の賃料債権よりは投資信託受益権の収益分配金に権利の性質が近いと思われることから、投資信託受益権の収益分配金と同様に、法定相続分に応じて当然に分割されるものではなく、その帰属は相続人間の合意によって決定すべきと考えます。

5 実務上の留意点

預貯金債権は、最高裁判例の変更により、遺産分割の対象となることとされましたので、遺産整理業務においては、これを前提に、確実に遺産分割が行われるよう注意が必要です。預貯金の窓口業務においては、相続法改正によって新たに新設された民法909条の２に基づく遺産分割前の預貯金債権の行使や遺産分割前の預貯金の仮払いの仮処分に基づく支払、各金融機関の判断による便宜払いといった例外を除き、遺言がない場合には、法定相続人全員の合意または遺産分割に基づいて払戻しに応じるよう注意が必要です。

また、遺産整理業務において、対象となる遺産に株式、投資信託、債券が含まれる場合はもとより、相続開始後に発生した投資信託受益権の元本償還金または収益分配金、株式の配当金等がある場合にも、これらについて相続人間の合意で帰属を決定する必要があることに注意が必要です。相続開始後に発生した賃貸不動産の賃料債権についても、前記のとおり、法律上は、法定相続分に応じて当然に分割されると考えられますが、相続人間の合意で帰属を決定することは可能と考えられますので、相続人の意向を確認して最終的な取得方法を決定する必要があります。

投資信託の販売会社として、被相続人名義の口座を管理している場合の窓口業務において、被相続人名義の投資信託受益権や相続開始後の元本償還金または収益分配金の相続手続を行うときは、遺言がある場合にはその内容に従いますが、遺言がない場合には、相続人全員の合意または遺産分割に基づいて相続手続を行う必要があります。

なお、信託銀行においては、その業務の一つに証券代行業務があり、当該業務のなかで、相続開始後に発生した株式の配当金の支払事務を行う場合がありうると思います。

前記のとおり、相続開始後に発生した株式の配当金の帰属については、最高裁判例は見当たりませんが、私見としては、相続人全員の合意によって決定する必要があると考えています。この点について、実務上は、相続人間で遺産分割をめぐる紛争となり、家庭裁判所における調停または審判で解決している場合、調停調書や審判書のなかでは、株式そのものの取得者は決められているものの、相続開始後に発生した株式の配当金については明確に定められていない場合もあり、そのような場合に株式を取得した相続人から相続開始後の配当金を請求されるようなケースも時々あります。このような場合、前記私見に従えば、株式そのものの帰属と相続発生後遺産分割までに発生した配当金の帰属とは別個のものであり、後者についても相続人間の合意が必要ということになりますので、かかる合意の成立が認められない以上は、配当金の支払は拒絶すべきということになると考えられます。

Q4 相続財産にならない資産

当行が遺言執行者として指定されたAの遺言には、Bに相続させる財産として、不動産、預金、証券が列挙されるとともに、「その他債権」をCに相続させる旨の条項が設けられています。

今般、Aの相続が開始し、当行が遺言執行者に就職しましたので、Aの財産について調査を行ったところ、Aが、Cを受取人とする生命保険に加入していたことが判明するとともに、Aが亡くなった時に入居していた老人ホームの入居一時金の返還金の受取人としてCが指定されていることが判明しました。生命保険金は相続財産には当たらないと認識しているのですが、では、老人ホームの入居一時金の返還金はどうなのでしょうか。

1 相続財産に含まれない資産

被相続人の死亡によって発生する権利であって、相続財産に含まれない権利としては次のようなものがあります。

(1) 生命保険金

保険契約者は、生命保険会社と締結する保険契約において、保険金の受取人を自由に定めることができます。このとき、被保険者（本件でいえば被相続人A）が死亡した場合に保険金が相続財産に属する権利となるか否かは、契約上受取人がどのように定められているかによって異なります。

まず、被相続人以外の特定の者が受取人に指定されている場合は、その指定された者が保険契約上の権利として保険金請求権を取得することになります。この場合の保険金請求権は、受取人に指定された者固有の権利であるため、これは相続財産に含まれません。

次に、受取人が単に「相続人」とされていた場合は、特段の事情のない限り、相続発生時の相続人個人を受取人として特に指定したものであって、相続財産に含まれないとするのが判例（最判昭和40年２月２日民集19巻１号１頁）であり、やはり同様の結論になります。他方、被相続人が自分自身を受取人に指定していた場合は、保険金は相続財産に含まれると解されています。

（２）死亡退職金

労働者が在職中に死亡した場合、労働契約は終了しますが、このような死亡による労働契約の終了を支給事由とする退職金を死亡退職金といいます。死亡退職金の受給権者の範囲や順位については、法令の規定や就業規則等において定められた雇用契約関係によって定まり、その法的性格は一律ではありませんが、特殊法人の死亡退職金について、その受給について定める規程の内容が民法の規定する相続人の順位決定の原則とは著しく異なった定め方であることや、当該規程が、もっぱら職員の収入に依拠していた遺族の生活保障を目的とし、民法とは別の立場で受給権者を定めたものであることを理由に、死亡退職金の受給権は、相続財産に含まれない相続人固有の権利であるとする判例（最判昭和55年11月27日民集34巻６号815頁）があるなど、死亡退職金については相続財産に属さないと一般に解されています。

（３）老人ホームの入居一時金の返還金

有料老人ホームに入居する際には、入居者が入居一時金を支払うとともに、入居者の死亡を含む入居契約の終了時に、実際の入居期間等に応じてその一部が返還されることが一般的に行われています。入居契約では、この返還金の受取人が指定されるのが通常ですが、では、被相続人自身が入居一時金を支払った場合で、相続に伴い返還金が発生した場合、この返還金は相続財産に含まれるでしょうか。

以上は、返還金の受取人の指定の約定が、受取人に返還金請求権が発生する（つまり、受取人固有の権利である）との趣旨であるのか、あるいは、入居者が死亡しており本人が返還を受けることができないため、便宜上親族の代表者としての受取人が指定されているにすぎない（つまり、返還金は相続財産に含まれる）と解するかの争いと考えられ、両論ありうるところですが、後者の趣旨を明言した裁判例（東京高判平成28年１月13日）があるなど、相続財産に含まれる可能性があると考えるのが保守的な考え方といえそうです。

2 本件の留意点

以上のとおり、老人ホームの入居一時金の返還金は相続財産に含まれるとされる可能性があります。仮にこのように考える場合、本件では「その他一切の財産」に返還金が含まれる（したがって、Ｃが相続する）と考えるのが素直ですが、これが、Ａの意思に沿うものであるとは限りません（たとえば、Ｂが受取人に指定されているなどの場合、紛争が生じることも想定されます）。遺言の作成時には、老人ホームへの入居状況も確認し、入居一時金の支払がある場合には、その返還金も相続財産であることを明記したうえ、だれに相続させるのがよいか（通常は、指定された受取人と一致するでしょう）遺言者と十分協議することが適当と考えられます。

3 遺留分との関係

ところで、相続人の資産が相続財産に含まれるか否かは、遺留分を算定するための財産に含まれるか否かの問題とも関連します。上記のとおり、被相続人以外の特定の者が受取人に指定されている場合の保険金請求権や、死亡退職金は、相続財産に含まれず、したがって、遺留分を算定するための財産には含まれないと考えるのが原則です。他方、老人ホームの入居一時金の返還金については、相続財産に含まれるとする前記の裁判例の考え方が一般化できるのであれば、遺留分を算定するための財産に含まれるという結論となります。ただし、以上の保険金請求権等の額が相続財産との対比で大きな割合を占める場合には、相続人間の公平の観点から、特別受益とみなし、遺留分を算定するための財産とされる場合もあります（生命保険金について特別受益に準じて持戻しの対象となる場合があることを認めた判例として、最決平成16年10月29日民集58巻７号1979頁）。

Q5 相続の承認・放棄

当行が遺産整理業務の依頼の相談を受けている件に関して、相続人は子であるB、C、Dの三名がいるのですが、このうちBは、相続を放棄することを検討しているようです。

ところで、Aの葬儀については、Bが喪主を務めていたところ、その葬儀費用はAの自宅の金庫に入っていた現金から支出されています。また、B、C、Dは、葬儀の後、形見分けとしてAの使用していた家具や衣類（いずれも古く、具体的な価値はほとんど認められないようなもの）を分け合っていたようですが、以上の葬儀費用の支出や形見分けは、法定単純承認に当たらないのでしょうか。

1 相続の承認と放棄

相続人は、自己のために相続の開始があったことを知った時から3カ月以内に、相続について、単純承認、限定承認または相続放棄をしなければなりません（915条1項）。この3カ月の期間のことを熟慮期間といいます。熟慮期間は、利害関係人等の請求により家庭裁判所において伸長することができます（同項ただし書）。

単純承認により、相続の効果が相続人に確定的に帰属します。なお、後述するように、被相続人が相続を承認する旨の意思表示を行わなくても、一定の事由が存在する場合には、当然に単純承認の効果が発生します（法定単純承認）。

限定承認とは、被相続人の残した債務や遺贈を相続財産の限度で弁済する、つまり、相続人自身の財産からは弁済をしないことを条件に、相続を承認することを認める制度です（922条）。民法は、限定承認について詳細な規定を設けていますが、限定承認は手続が複雑で、また、税制上の問題（みなし譲渡所得税の課税の可能性）もあるためか、実際にはそれほど多く利用されていません（たとえば、平成30年度の司法統計によれば、全国の家庭裁判所で受理された相続放棄の申述は約21万件であるのに対し、限定承認は700件超にとどまります）。

相続放棄をした相続人は、その相続に関し、初めから相続人とならなかったものとみなされます（939条）。

2 熟慮期間の起算点

前記のとおり、3カ月の熟慮期間は「自己のために相続の開始があったことを知った時から」開始します。「自己のために」とは、被相続人が死亡して相続が開始されたことを知っただけでは足りず、当該相続について自分が相続人になったことを知ったことが必要です（大判大正15年8月3日民集5巻10号679頁）。

また、相続人が相続財産があることをまったく認識しておらず、かつ、相続財産がないと信じるにつき相当な理由がある場合には、相続人が相続財産の全部または一部の存在を認識した時または通常これを認識しうべき時から熟慮期間が起算されるとした判例が存在しており（最判昭和59年4月27日民集38巻6号698頁）、事情によっては、自分が相続人になる相続が開始されたことを認識していても、なお、熟慮期間が開始しない場合がありえます。

3 法定単純承認

次の①～③の場合には、相続人は単純承認したものとみなされます（921

条)。

① 相続人が相続財産の全部または一部を処分したとき(921条1号)

ここでいう「処分」には、相続財産の売却や贈与、あるいは相続財産に属する債権を自働債権とする相殺といった法律上の効果を有するものだけでなく、相続財産を損壊する行為(建物の取壊し等)等も含まれます。生命保険金を受け取り、これを費消した場合が「処分」に該当するか否かは、生命保険金が相続財産に含まれるか否かによって判断されることになります(本章Q4参照)。

相続財産の処分が単純承認と認められるのは、相続人が相続開始を知りながら相続財産を処分したか、または少なくとも被相続人の死亡の事実を確実に予想しながらあえて処分したことを要し(最判昭和42年4月27日民集21巻3号741頁)、被相続人の死亡を知らないような場合の相続財産の処分は単純承認には当たりません。

なお、保存行為や短期賃貸借(602条)の場合には、単純承認の効果は発生しません(921条1号ただし書)。

② 熟慮期間内に限定承認または相続放棄をしなかったとき(921条2号)

③ 相続人が限定承認または相続放棄をした後であっても、相続財産の全部もしくは一部を隠匿し、私に(ひそかに)これを消費し、または悪意でこれを相続財産の目録中に記載しなかったとき(921条3号)

4 本件の留意点

相続財産を葬儀費用に充てることについては、その「社会的見地」から、相当な額の葬儀費用であれば相続財産の「処分」(921条1号)には該当しないとした裁判例(大阪高決平成14年7月3日家月55巻1号82頁)があるなど、一般に法定単純承認には当たらないと解されているようです。したがって、葬儀費用が過大なものでない限り、葬儀費用の支出をもって法定単純承認が認められることはないと考えられます。

また、形見分けについては、親子や夫婦などの情愛に基づくものであるから、やはり「処分」に該当しないと考えられています。ただし、高価な資産（宝石類、高額の美術品等）が対象とされた場合は、形見分けの範疇を超え、「処分」に該当し、法定単純承認に当たるとされるおそれがあります。本件のように、財産的価値のない資産が対象になる形見分けについては、法定単純承認に当たらないとみて支障ないでしょう。

Q6 自筆証書遺言の形式要件

現在、当行は、今般相続が発生したＡの自筆証書遺言について、遺言執行履行補助業務の受託を検討しております。

Ａの長男Ｂから聞き及んでいるところでは、上記の自筆証書遺言作成当時、Ａは意思能力には問題がなかったのですが、病気で満足にペンを握ることができない状態で、当該遺言は、Ａと同居する長女Ｃが、Ａに手を添えて書かれたものであるようです。

自筆証書遺言は、遺言者の自書が要件であったと思うのですが、Ｂの説明が事実である場合、この遺言は無効になってしまうのでしょうか。

1 自筆証書遺言の形式要件

自筆証書遺言とは、遺言者が遺言書の全文、日付と氏名をすべて自分で書き（自書）、押印して作成する方式の遺言をいいます（968条１項）。

（1）自　書

自書とは、字義どおり遺言者が自筆で書くことを意味します。自書が要求される理由について、最高裁は、筆跡によって本人が書いたものであることを判定でき、それ自体で遺言が遺言者の真意に基づくものであることを保障するためと説明しており、そのため、自書の要件については厳格な解釈が必要とされています（最判昭和62年10月８日民集41巻７号1471頁）。

パソコンで作成された遺言書やコピーされた遺言書は、自書の要件を欠き無効です。

自筆証書遺言が有効に成立するためには、遺言者が遺言書を作成した当時において「自書能力」を有していたことが必要です。ここでいう自書能力とは、遺言者が文字を知り、かつ、これを筆記する能力を有することを意味します。この自書能力は、本来読み書きができた者が、病気、事故その他の原因により視力を失いまたは手が震えるなどのために筆記について他人の補助が必要になった場合でも、原則として失われないとされており、他人の添え手による補助を受けてされた自筆証書遺言であっても、一定の要件を満たす場合は自書の要件を満たし有効であるとされております。ただし、上記のとおり、自書の要件は厳格に解釈されるべきであることから、添え手の場合は、遺言者に自書能力があり、また、遺言者が添え手をした他人から単に筆記を容易にするための支えを借りただけで、添え手をした他人の意思が介入していないことが筆跡のうえで判定できる場合に限り、自筆証書遺言は有効となります（なお、上記最判昭和62年の事案では、遺言書に達筆な文字が整然と書かれていることなどを理由に、自書の要件を満たさないと判断されています）。

平成30年法律第72号による民法改正（相続法改正）により、自書の要件は一部緩和され、自筆証書に一体のものとして添付される、相続財産の全部または一部の目録（財産目録）について自書を要しないこととされました（968条２項）。

（２）日　付

自筆証書遺言は、公正証書遺言などと異なり、証人も立会人もおらず、また、遺言能力の有無の判断や、日付の先後によって有効な遺言が決定される場合もあること（遺言の撤回。1022条以下）から、日付は年月日まで客観的に特定できる必要があり、「○月吉日」と記載された自筆証書遺言は無効です（最判昭和54年５月31日民集33巻４号445頁）。他方、記載された日付が遺言書の実際の作成日付と異なっていても、それが誤記であることや実際の作成の日付が遺言書の記載その他から容易に判明する場合は、日付に誤記があっても自筆証書遺言は有効であるとされています（最判昭和52年11月21日家月30巻４号

91頁)。

(3)押　印

自筆証書遺言に押印が必要とされる趣旨は、自書と相まって遺言者の同一性や真意を確保するとともに、重要な文書については作成者が署名したうえで押印することによって文書の作成を完結させるという慣行ないし法意識に照らして文書の完成を担保することにあります(最判平成元年2月16日民集43巻2号45頁)。

以上の趣旨から、押印は指印であってもよいとされています(上記最判平成元年)が、他方で、いわゆる花押(署名のかわりに書く一種の記号)を書くことは「印章による押印に代えて花押を書くことによって文書を完成させるという慣行ないし法意識が存するものとは認め難い」ことから、押印の要件を満たさないとされます(最判平成28年6月3日民集70巻5号1263頁)。

2 本件の留意点

Aの遺言は、Cの添え手によって作成されたものということですが、前記最判昭和62年のとおり、添え手であることから自筆証書遺言が直ちに無効となることはありません。遺言書作成当時、Aの意思能力には問題がなかったことをふまえれば、自筆証書遺言は有効と認められる余地のあるものといえるでしょう。

他方で、本件の場合、遺言の内容や、Cと他の共同相続人との関係性などによっては、遺言の有効性について争いが生じる可能性も否定できないように思われます。本件で遺言執行履行補助業務を受託することの是非は、以上の観点もふまえ、慎重に検討されるべきといえるでしょう。

Q7　遺言書の検認

当行は、遺言書保管業務としてAの自筆証書遺言を保管していたところ、今般、Aが亡くなり相続が発生しました。

Aの相続人には、子B、C、Dがあるところ、Cは、現在海外に居住しており、遺言書の検認の期日に立ち会うことができなさそうなのですが、この場合でも遺言書の検認や開封は問題なくできるのでしょうか。もし、検認が適法に行えない場合、当行が保管している遺言は無効になってしまうのでしょうか。

1　遺言書の検認

遺言書の保管者がある場合はその保管者、保管者がいない場合は遺言書を発見した相続人は、相続の開始を知った後、その検認を請求しなければなりません（1004条１項）。この保管者に、遺言書保管業務を行う金融機関が含まれることはいうまでもありません。

検認の対象となる遺言は、公正証書遺言以外のすべての遺言であり（同条２項）、自筆証書遺言や秘密証書遺言（970条）、特別の方式による遺言（976条以下）がその対象となります。

民法の規定上、遺言書の保管者は、相続の開始を知った後、「遅滞なく」遺言書を家庭裁判所に「提出」しなければならないこととされていますが、実務上は（申立ての後日となる）検認期日に申立人が遺言書を提出する扱いが一般的であるようです。検認の手続には、相続人またはその代理人の立会いは必須ではありませんが（大判明治44年12月15日民録17輯789頁）、実務上は、相続人に期日を通知して立ち会わせる措置がとられています（家事事件手続規則115条１項)。遺言書の検認がされたときは、検認期日に立ち会わなかった相続人、受遺者その他の利害関係人（期日の通知を受けた者は除く）に対しては、検認の通知がなされます（同条２項)。

検認は、偽造、変造、滅失等の危険がつきまとう遺言書について、遺言書の原状を保全する一種の証拠保全の手続であり、検認の手続が行われなかったことへの制裁は５万円以下の過料のみです（民法1005条)。検認を受けたことをもって、遺言書の実体上の効果が判断されるわけではなく（大判昭和３年２月22日新聞2840号15頁)、また、遺言書が真正に成立したと推定されるわけでもありません（東京高判昭和32年11月15日下民８巻11号2102頁)。さらに、検認の手続において、自筆証書遺言の形式要件が審査されることはなく、家庭裁判所は、明白な方式違反の遺言であっても検認の申立てを拒むことはできません（大決大正４年１月16日民録21輯８頁)。

2 遺言書の開封

封印のある遺言書は、家庭裁判所において相続人またはその代理人の立会いがなければ開封することができません（1004条３項)。

実務上、遺言書の開封は検認手続の過程で行われ、検認の申立てと別に開封の申立てを行う必要はありません。法文上、相続人またはその代理人の立会いが必須とされていますが、相続人やその代理人を呼び出したにもかかわらず、正当な理由なく立ち会わなかったときは、その立会いなしで開封をすることができると解されています。

開封の手続をふまずに遺言書を開封してしまった場合でも、遺言の効力が否定されるわけではなく、５万円以下の過料の制裁があるにとどまります（1005条)。

3 自筆証書遺言の保管制度の場合の例外

令和２年７月に施行された法務局における遺言書の保管等に関する法律に基づき、法務局において保管される自筆証書遺言については、家庭裁判所による遺言書の検認は不要となります（同法11条）。

4 本件の留意点

以上のとおり、遺言書の検認や開封の手続については、相続人等の立会いは必須でありません。本件では、仮にＣが期日に立ち会わなかったとしても、検認および開封の手続については適法に行うことができます。

なお、検認を行わなかったとしても、遺言が無効になるわけではないことは上述のとおりですが、遺言書保管業務の受託者として、検認の手続を適法に実施すべき義務があることはいうまでもありません。遺言書保管業務を受託した金融機関としては、なるべく、相続人全員を期日に立ち会わせるよう配慮しつつ、すみやかに検認の手続を進めるべきといえるでしょう。

Q8 特別の方式による遺言

主に窓口業務の関係で、そう頻繁ではないものの、危急時遺言等の特別の方式の遺言などが持ち込まれることがあります。自筆証書遺言、公正証書遺言のほかに民法で定められた形式の遺言について、知っておきたいと思います。

1 秘密証書遺言

秘密証書遺言とは、遺言者が公証人や証人の前に封印した遺言書を提出することにより、遺言の存在は明らかにしながらも内容を秘密にすることができる方式の遺言です（970条）。後記２項以下で説明する「特別の方式の遺言」とは異なり、秘密証書遺言は民法上自筆証書遺言等と同様普通の方式による遺言と位置付けられていますが、利用の実態が必ずしも多い類型ではないため本項であわせて解説します。

秘密書証遺言の方式は、次のとおり定められています。

> 一　遺言者が、その証書に署名し、印を押す。
> 二　遺言者が、その証書を封じ、証書に用いた印章をもってこれに封印すること。
> 三　遺言者が、公証人一人及び証人二人以上の前に封書を提出して、自己の遺言書である旨並びにその筆者の氏名及び住所を申述すること。
> 四　公証人が、その証書を提出した日付及び遺言者の申述を封紙に記載した後、遺言者及び証人とともにこれに署名し、印を押すこと。

「証書」については、自筆証書遺言と異なり自書である必要はなく、パソコン等によるものや、他人に書いてもらったものでもさしつかえありません。また、日付の記載も要求されていません。

遺言書が申述すべき遺言書の「筆者」（上記三）について、最高裁は、他人Bがパソコンで作成した文書に遺言者Aが署名、押印した事案について、「筆者」は遺言者であるAではなく現に文書を作成したBであるとしており、それにもかかわらず筆者がAであると申述した場合、その秘密証書遺言は無効となると判断しています（最判平成14年９月24日家月55巻３号72頁）。

秘密証書遺言の加除、訂正については、自筆証書遺言の方法が準用されます（970条２項、968条３項）。

「口がきけない者」が秘密証書遺言によって遺言をする場合には、特別の規定が設けられています（972条）。

2 特別の方式による遺言

民法は、自筆証書遺言、公正証書遺言と前項の秘密証書遺言（普通の方式の遺言）のほかに、特別の方式の遺言としていくつかの類型の遺言について規定を設けています。特別の方式の遺言は、危急時遺言と隔絶地遺言に分類されます。

（1）危急時遺言

①　一般危急時遺言（976条）

疾病その他の事由によって死亡の危急に迫った者が遺言をしようとするときは、証人三人以上の立会いをもって、その一人に遺言の趣旨を口授して、遺言を作成することができます。この場合、以上の口授を受けた証人が、これを筆記して、遺言者および他の証人に読み聞かせ、または閲覧させ、各証人がその筆記の正確なことを承認した後、これに署名押印をする必要があります（以上、同条1項。遺言者本人の署名押印は不要です）。

一般危急時遺言に日付の記載は不要です（最判昭和47年3月17日民集26巻2号249頁）。また、各証人の署名押印が遺言者の面前で行われなかった場合でも「その署名捺印が筆記内容に変改を加えた疑いを挟む余地のない事情のもとに遺言書作成の一連の過程に従って遅滞なくされたもの」である場合には、遺言は有効とされています（同最判）。

一般危急時遺言は、遺言の日から20日以内に、証人の一人または利害関係人から家庭裁判所に請求してその確認を得なければ、その効力を生じません（976条4項）。家庭裁判所は、当該遺言が遺言者の真意に出たものであるとの心証を得なければ、これを確認することができません（同条5項）。ただし、家庭裁判所による確認が行われたとしても、そのことによって当然に遺言の有効性が確定するわけでありません。また、遺言書の検認（1004条）は確認とは別の手続であり、別途行われる必要があります。

② 船舶遭難者遺言（979条）

船舶が遭難した場合において、当該船舶中にあって死亡の危急に迫った者は、証人二人以上の立会いをもって口頭で遺言をすることができます（979条1項）。船舶遭難者遺言は、証人がその趣旨を筆記して（後日でもよい）、これに署名押印し、かつ、証人の一人または利害関係人から遅滞なく家庭裁判所に請求してその確認を得なければ、その効力を生じません（979条3項）。

（2）隔絶地遺言

① 伝染病隔離者遺言（977条）

伝染病のため行政処分によって交通を断たれた場所にある者は、警察官一人および証人一人以上の立会いをもって遺言書をつくることができます（977条）。伝染病隔離者遺言の場合、遺言者、筆者、立会人および証人は、各自遺言書に署名押印をする必要があります（980条）。

② 在船者の遺言（978条）

船舶中にある者は、船長または事務員一人および証人二人以上の立会いをもって遺言書をつくることができます（978条）。この場合も、遺言者、筆者、立会人および証人は、各自遺言書に署名押印をする必要があります（980条）。

③　家庭裁判所の確認は不要

隔絶地遺言の場合、危急時遺言と異なり、その有効要件として家庭裁判所の確認を得ることは不要です（危急時遺言の場合は、死亡の危急に迫った者に対して、推定相続人等の第三者が真意に基づかない遺言をさせるおそれがあることから、家庭裁判所の確認が必要とされていると解されます）。ただし、遺言書の検認は、隔絶地遺言の場合にも行われる必要があります。

（3）特別の方式による遺言の効力

以上の特別の方式による遺言については、遺言者が普通の方式によって遺言をすることができるようになった時から6カ月間生存するときは、その効力を生じません（983条）。

Q9 遺言と異なる遺産分割

遺言執行引受予諾業務を受託している遺言者が先日亡くなり、当行は遺言執行者に就職しました。遺言の内容は、一部の財産は相続人ではない第三者に負担付特定遺贈し、他の財産は、相続人三名に、遺言作成時の生活状況等をふまえてできるだけ公平になるように相続させる内容となっています。

今般、相続人三名から、遺言作成時とは生活状況等が変化していることもあり、遺言の内容と異なる遺産分割を行うことを求められています。

そもそも、遺言の内容と異なる遺産分割協議を行うことはできるのでしょうか。遺言執行者としてはどのように対応すべきでしょうか。また、特定受遺者との関係についてはどのように考えるべきでしょうか。

1 遺言の内容と異なる遺産分割協議の可否

被相続人は、遺言で、遺産分割の方法を定め、もしくはこれを定めることを第三者に委託し、または相続開始の時から5年を超えない期間を定めて、遺産の分割を禁ずることができるとされていること（908条）、相続させる遺言は遺産分割方法の指定であり、相続開始により直ちに効力が生じてその内容どおりに相続人が権利を取得すると解されていることなどから、相続人が遺言と異なる内容の遺産分割協議をできるかが問題となります。

（1）遺言執行者の指定がない場合

遺言執行者の指定がない場合は、相続人は、その全員の合意により、遺言の内容と異なる遺産分割協議をすることができると一般的に解されています。

（2）遺言執行者の指定がある場合

他方で、遺言執行者がいる場合、相続人は、相続財産の処分その他遺言の執行を妨げるべき行為をすることができず（1013条1項）、これに違反してなされた行為は原則として無効となる（同条2項）ことから、特にかかる規定との関係で、相続人が遺言の内容と異なる遺産分割協議を行うことができるかが問題となります。

なお、1013条1項の遺言執行者がある場合とは、遺言で指定された者が実際に遺言執行者に就職している場合だけでなく、遺言で指定された者が遺言執行者への就職を承諾する前も含むと解されています（最判昭和62年4月23日民集41巻3号474頁）。

遺言執行者は、遺言の内容を実現するため、相続財産の管理その他遺言の執行に必要ないっさいの権利義務を有する（1012条）ものであり、遺言執行者において適正に遺言の内容が実現されるよう、1013条の規定により相続人による処分が禁止されていると考えられることから、遺言執行者が同意しているのであれば、相続人全員の合意による遺言の内容と異なる遺産分割協議は有効と解してよいのではないかと考えます。結論として、遺言執行者および相続人を含む関係者全員の合意による遺言の内容と異なる遺産分割協議を有効と認める裁判例（東京地判昭和63年5月31日判タ683号181頁）も存在するところです。

他方で、遺言執行者の同意がない場合、相続人全員で遺言の内容と異なる遺産分割協議をしたとしても、1013条違反を理由として、遺産分割協議自体は無効と考えるのが原則と思われます。

もっとも、相続人間で、いったん遺言どおりに権利を承継したうえ、相続人間での交換や贈与により、財産の所有権を移転させることは可能であることから、遺言の内容と異なる遺産分割協議がされた場合には、かかる交換や贈与があったと解することもでき、最終的な権利の帰属としては相続人間の合意に従うことになると考えられるのではないかと思います。同趣旨の判断をする裁判例として、東京高判平成11年２月17日金判1068号42頁、東京地判平成13年６月28日判タ1086号279頁および大阪地判平成６年11月７日判タ925号245頁などがあります。そうであれば、端的に、遺言執行者の同意のない遺言と異なる遺産分割協議も有効と解すべきとの考え方もありうるところです。

実務上、家庭裁判所における遺産分割調停手続において、遺言があり遺言執行者がいる場合において、遺言の内容と異なる遺産分割協議を行う場合は、遺言執行者も利害関係人として手続に参加してもらい、その同意を得るという対応をするのが一般的と思われます。

2 遺言執行者としての対応

そうすると、遺言執行者としては、相続人が遺言の内容と異なる遺産分割協議を希望した場合、どのような場合にこれに同意すべきかが問題となります。

まず、遺言執行者は、遺言の内容を実現することを職務とするものであることから、これに同意しなければならない義務を負うものではないと考えられます。

前記東京地判昭和63年５月31日は、遺言の内容と異なる遺産分割協議が有効となるための要件として、合意の内容が遺言の趣旨を基本的に没却するものではないことをあげています。

かかる見解に従うと、遺言執行者としては、相続人間で合意しようとしている具体的内容を吟味したうえ、遺言の趣旨を基本的に没却するものでないかどうかを検討したうえ、問題ない場合には同意してもよいということになります。遺言執行者は、基本的には遺言の内容を実現することを責務とするものであることをふまえると、遺言の内容と大きく異なる遺産分割協議には容易には同意すべきではないという考え方もありうるところです。

しかし、遺言の趣旨は、遺言の記載だけから判断できるものではなく、遺言作成時の遺言者の置かれた状況や財産状況その他諸般の事情を勘案して判断する必要があると考えられます。一方、遺言執行者が必ずしもそのような事情を正確・十分に把握できるわけではありません。可能な限り遺言の内容を検討したうえ、相続人に対してできる限り遺言者の意思が実現されるよう説明・説得をするのが望ましいとは思うものの、私見としては、遺言の内容と異なる遺産分割協議への同意については、広く遺言執行者の裁量を認めるべきであり、相続人全員および利害関係者全員が同意している以上は、遺言執行者が任意に遺言と異なる遺産分割協議の内容に同意したとしても、直ちに善管注意義務違反を問われるものではないと考えます。

実務上も、金融機関が遺言執行者になる場合、相続人が全員の合意により遺言の内容と異なる遺産分割協議を行う場合には、特段の事情のない限り同意する場合が多いのではないかと思います。

3 受遺者との関係

遺言において、相続人以外の第三者に対する特定遺贈がある場合、当該遺贈の対象物を受遺者に取得させない内容とする合意をするのであれば、受遺者の承諾が必要になると考えられます。特定受遺者は、遺言者の死亡後、いつでも遺贈を放棄することができ（986条1項）、遺贈の放棄がされると、遺言者が別段の意思表示をしていなければ、対象財産は、相続人に帰属することとなり（995条）、相続人間の遺産分割協議によってその帰属が決められることになりますので、特定受遺者が遺贈の対象物を取得しないことに同意し、相続人間の合意でその分割方法を定めることは問題ありません。

もっとも、遺贈の対象物は受遺者に取得させないかわりに、他の財産を取得させる合意をする場合には、これは相続人から受遺者への贈与に該当すると思われますので、合意としては有効ではあると思われるものの、贈与税が発生する可能性があると考えられますので、注意が必要です。

また、負担付遺贈の場合、受遺者が遺贈を放棄すると、負担の利益を受けるべきであった者が、自ら受遺者となることができるとされていますので(1002条2項)、遺贈の対象物を受遺者が取得しないことに受遺者が同意する場合には、負担の受益者に対しても同意を求めるべきと考えます。

特定遺贈に関しては、遺言どおりに受遺者に対象財産を取得させ、他の財産に関しては、遺言の内容と異なる遺産分割協議を行うということであれば、受遺者に影響はありませんので、受遺者の承諾は不要と考えられます。

なお、包括遺贈については、相続人と同一の権利義務を有することとされ(990条)、放棄をするためには家庭裁判所への申述が必要であるところ、かかる手続がされない以上は、放棄があったと考えることはできません。しかし、相続人と同様の立場で、法定相続人全員との合意により、前記第1項記載のとおり、遺言の内容と異なる遺産分割協議を行うことは可能であると考えられます。

4 本件の留意点

以上のとおり、遺言の内容と異なる遺産分割協議を行うことは可能と考えられ、遺言執行者としては、できる限り、遺言者の意思が実現されるように、遺言の趣旨を相続人に対して説明し、遺言の内容と大きく異なることがないように配慮するのが望ましいとは思いますが、相続人全員が合意するのであれば、それに同意したとしても、直ちに遺言執行者としての善管注意義務違反となるものではないと考えます。

相続人が希望する遺産分割協議の内容が、負担付特定遺贈の内容をも変更するものであれば、受遺者および負担の受益者の承諾も必要となります。

実務上は、遺言執行者への就職を承諾する前に、遺言と異なる遺産分割協議を行うことを相続人が希望しているような場合は、あらかじめ関係者全員による合意が得られるかを検討し、合意が得られる場合には、そもそも遺言執行者への就職を辞退し、遺産整理業務として受託するといった対応も考えられます。

なお、相続人間で、遺言の内容とは異なる遺産分割協議の検討を開始したものの、結局遺産分割協議がまとまらないような場合には、遺言執行者としては、原則どおり、遺言の内容に従って執行手続を進めるべきことになります。

Q10 祭祀の主宰者について

当行において遺言執行履行補助業務を受託した被相続人Ａの遺言には、Ａの長男Ｂを、祭祀を主宰すべき者として指定する旨の条項が設けられています。
このような条項が設けられている場合、遺言執行者としての役割はどのようなものになるでしょうか。

1 祭祀主宰者

系譜、祭具および墳墓（祭祀財産）の所有権は、祭祀を主宰すべき者（祭祀主宰者）が承継します（897条）。897条は、相続の一般的効力（896条）の例外として規定されており、祭祀財産については相続財産に含まれず、一般の相続財産の場合とは異なる規律に服することが明らかにされています。

祭祀主宰者は、遺言による指定がない場合は慣習に従って定まり（897条1項）、慣習が明らかでないときは、家庭裁判所が祭祀主宰者を決定します（同条2項）。また、条文にはありませんが、関係当事者の協議によって祭祀主宰者を定めることも可能と考えられています（東京地判昭和62年4月22日判タ654号187頁）。

祭祀主宰者は一人であるのが原則ですが、複数の者が祭祀財産を分割して承継することも認められると解されています（東京家審昭和49年2月26日家月26巻12号66頁、奈良家審平成13年6月14日家月53巻12号82頁）。

祭祀財産の承継については、相続の場合と異なり承認や放棄の制度がありません。したがって、祭祀主宰者は、承継を辞退することができません。ただし、祭祀財産を承継したとしても、祭祀を行う義務まで課されるものではないと解されています。

2 祭祀財産

条文にある「墳墓」は、墓石、墓碑等の遺体や遺骨を葬っている設備を意味すると解されており、「墳墓」が設置されている土地（墓地）は「墳墓」そのものではありません。この点について、墓石、墓碑が設置されている土地の所有者が被相続人と別の者（たとえば寺などの宗教法人）である場合、その土地の利用について定める墓地使用権設定契約（通常、管理料、使用料等の対価の支払が生じる）の当事者の地位をだれが承継するかは問題ですが、「墳墓」と社会通念上一体の物とみてよい範囲の土地はこれに準じて取り扱うべきと考えられる（広島高判平成12年８月25日高民53巻２号109頁）ことからすれば、墓地使用権設定契約に基づく管理料や使用料の支払義務は、「墳墓」を承継する祭祀主催者が承継すると考えるのが適当であるように思われます。

また、遺体、遺骨の承継が争われる場合があり、897条との関係で議論のあるところですが、この点に関し、慣習上の祭祀主宰者に遺骨が帰属することを認め、被相続人の同居人であった者であり、かつ、被相続人が信仰していた宗教団体の信者であった遺骨の占有者に、被相続人の養子であり、かつ、先祖の墓を維持管理している者に対し遺骨を引き渡すよう命じた判例があります（最判平成元年７月18日家月41巻10号128頁）。

3 本件の留意点

以上のとおり、祭祀財産の承継は、相続とは異なる概念であり、したがって、祭祀主宰者の指定そのものについては遺言執行の余地がありませんが、他方、祭祀財産を祭祀主宰者に対し移転する必要がある場合（たとえば、墓石、墓碑が設置されている土地を被相続人が所有していた場合は、当該土地の所有権移転の手続を行う必要がある）が想定され、当該祭祀財産の移転に関し、遺言執行者の業務の対象となることはありえます。ただし、金融機関が遺言執行者となる場合は、祭祀財産の承継については遺言執行の対象から除外することが通常であると考えられます。遺言執行履行補助業務においても、祭祀財産の承継に関しては、相続人自身に行ってもらい、業務の対象から除外するのが無難でしょう。

Q11 後見制度支援信託と遺言の関係

当行が後見制度支援信託を受託している信託契約の受益者（成年被後見人）が今般亡くなりました。当該受益者が後見開始になる前に作成した「Ａ銀行の預金を遺贈する」旨の遺言により遺贈を受けたと主張する受遺者から、本件後見制度支援信託は、受益者のＡ銀行の普通預金を原資として信託したものであることから、後見制度支援信託の受益権の遺贈を受けたものであると主張して、信託財産の交付を求められていますが、応じる必要があるでしょうか。

なお、当行の後見制度支援信託に係る信託契約では、受益者の死亡は信託終了事由となっており、信託が終了した場合には信託財産は受益者に交付するとの定めがありますので、信託受益権が遺贈の対象になるのであれば、受遺者に対して信託財産を交付する必要があると考えています。

1 後見制度支援信託とは

成年後見や未成年後見における本人（被後見人または未成年）の財産に関して、日常的な支払等をするために必要な金銭は預貯金等で後見人が管理し、通常使用しない金銭については、信託銀行等との間で信託契約を締結して信託することにより、本人の財産を適切に管理・利用するための仕組みのことを後見制度支援信託といいます。

日常的な収支でマイナスが生じることが想定される場合は、あらかじめ信託財産から定時定額払いを行うことを決めることもありますが、原則として、信託財産の払戻しや信託契約の解約は、家庭裁判所の許可がないと行うことができません。

後見（または未成年後見）が開始された場合において、家庭裁判所が本人の生活状況や財産状況等をふまえて後見制度支援信託の検討が必要と考える場合、弁護士・司法書士等の職業専門家を後見人に選任します。後見人に選任された弁護士等は、本人の生活状況や財産状況をふまえて後見制度支援信託の利用を検討し、利用が適当と考える場合には、家庭裁判所の指示のもと、信託銀行等と信託契約を締結します。後見開始の際に親族も後見人とされ、後見制度支援信託に係る信託契約が締結されると、職業専門家である後見人は、辞任するという流れで手続を行うことが一般的のようです。

2 後見制度支援信託と遺言の撤回

遺言は、遺言の方式によっていつでも撤回できるほか（1022条）、前の遺言と後の遺言が抵触するときは、前の遺言は撤回されたものとみなされ（1023条1項）、遺言の生前処分その他の法律行為が遺言と抵触する場合も遺言は撤回されたものとみなされます（同条2項）（遺言の撤回については、第3章Q7も参照）。

そこで、「A銀行の預金をXに遺贈する」との遺言をした後、後見開始となり、後見人が預金を払い出して後見制度支援信託に係る信託を設定したことが、遺言と抵触する法律行為であるとして、遺言の撤回とみなされないかが問題となります。

この点、遺言と抵触する法律行為が遺言の撤回とみなされるとされているのは、遺言者自身が遺言と抵触する行為を行うということは、その遺言を有効とする意思がないと考えるのが遺言者の合理的意思解釈として相当である点にあると考えられます。しかし、被後見人は事理弁識能力を欠く常況にあるうえ、法定代理人たる後見人が行う法律行為の効果は被後見人本人に帰属するとしても、現実には後見人が自らの判断で法律行為を行っているのであり、後見人の法律行為をもって、被後見人の意思とみるのは相当ではなく、原則として後見人の行った法律行為をもって被後見人がした遺言の撤回とみるべきではないと考えられます。

また、そもそも、預金（特に普通預金）は、日々増減することが予定されているものであることから、預金の遺贈については、原則として、相続開始時点の残高を遺贈する趣旨であると解するのが遺言者の合理的意思解釈として妥当と考えられますので、生前の預金の払戻しをもって預金の遺贈の撤回とみるべきではないと考えられます。

したがって、預金を原資として後見制度支援信託に係る信託を設定したことをもって、預金を遺贈する旨の遺言を撤回したとみることはできないと考えます。

3 遺贈の対象に信託が含まれるか

遺言が撤回されていないとすると、「A銀行の預金をXに遺贈する」旨の遺言における遺贈の対象に、後見制度支援信託に係る信託契約の信託受益権が含まれるかが問題となります。

たしかに、前記のとおり、後見制度支援信託に係る信託契約締結には、遺言者自身の意思は実際には介在していないのであり、遺贈の対象としていた預金が信託財産の原資となっているのであれば、遺贈の対象に信託受益権を含めて考え、受遺者の保護を図るべき要請もあるようにも考えられ、また、遺言者の実際の意思の実現にもなるようにも思われます。

しかし、預金契約に基づく預金返還請求権と信託契約に基づく信託受益権とは、法律上まったく別個の権利であり、「預金」のなかに信託受益権が含まれると解するのは、そもそも文理解釈として無理があるように思われます。遺言の解釈においては、まずは、遺言書の記載から遺言者の意思を合理的に解釈する必要があり、「預金を遺贈する」との文言の合理的解釈として、預金以外の財産が遺贈の対象に含まれていると解するのは困難であると考えます。

また、原資が遺贈の対象たる預金であるという遺言の記載から読み取ることができない実質面を考慮するとなると、信託受益権の受託者としては、その判断を迫られることとなり、遺贈の対象でないとすれば法定相続人による遺産分割協議によってその帰属を決定すべきであることから、二重払いのリスクを負うことになりますが、第三者がそのようなリスクを負わされるのも妥当ではありません。

以上のような点から、私見としては、「Ａ銀行の預金を（Ｘに）遺贈する」との遺言の遺贈の対象には、後見制度支援信託に係る信託契約に基づく信託受益権を含めることはできないと考えます。

ただし、遺言の解釈の問題であるため、個別具体的な事案における遺言書の記載において、信託受益権も遺贈の対象と読める余地があるのであれば、個別具体的な検討が必要なことには注意が必要です。いうまでもないかもしれませんが、遺言の内容が「相続開始時に存在する遺言者の全財産をＸに遺贈する」などとなっていれば、信託受益権も遺贈の対象になると考えられます。

また、遺贈を前提に検討しましたが、特定財産承継遺言（相続させる遺言）であっても、同様であると考えます。

4 受遺者の保護

以上の私見に従うと、後見開始となり、後見制度支援信託が利用されなければ、預金の遺贈を受けられたにもかかわらず、遺言者の実際の意思が介在しないところで後見制度支援信託が利用されたことにより、当該遺贈の効力が否定される結果となるため、受遺者の保護を図るべきという考え方もありうるところです。

この点については、金銭を目的とする債権を遺贈の目的とした場合において、その弁済を受け、その債権額が財産のなかにないときであっても、その金額を遺贈の目的としたものと推定する旨の民法1001条2項の規定の適用ないし類推適用により、相続開始時点の信託財産残元本相当額の金銭の遺贈があると考える余地はあるのではないかと考えます。

その場合、受遺者としては、当該金額の金銭の遺贈があったものとして、法定相続人に対して遺贈の履行を求めることになると思われます。

以上、後見制度支援信託と遺言の関係について私見を述べましたが、後見制度支援信託という制度が利用されるようになったのは近年のことであり、個別具体的な事情によって判断すべき事項でもあることから、今後の議論や裁判例の集積が待たれるところです。

5 本件の留意点

前記のとおりの私見に従えば、原則として、信託受益権は「A銀行の預金を遺贈する」旨の遺贈の対象には含まれないと解すべきですので、法定相続人全員の承諾が得られない限りは、信託財産の交付請求は拒絶すべきと考えます。

Q12 相続法改正（配偶者居住権、法務局遺言書保管等）

令和元年、令和２年に相続法の重要な改正（平成30年法律第72号による民法（相続法）改正）がありました。さまざまな文献等で解説されているところではありますが、あらためて主要な改正について教えてください。

1 配偶者の居住の権利

令和２年４月１日施行となった相続法の改正により、相続開始時に被相続人が所有していた建物に居住していた被相続人の配偶者が、一定の要件を満たす場合、その建物を終身または一定期間無償で使用、収益する権利を取得する制度（配偶者居住権）と、相続開始時に被相続人が所有していた建物に無償で居住していた被相続人の配偶者に、一定の期間（所定の日から６カ月間）その建物を無償で使用する権利が付与される制度（配偶者短期居住権）が新設されました。

配偶者居住権が発生するためには、配偶者が相続開始時に被相続人所有の建物に居住していたことを前提に、遺産分割によって配偶者居住権を取得するものとされるか、あるいは配偶者居住権が遺贈の目的とされることが必要です（1028条）。また、一定の要件のもと、家庭裁判所が審判により配偶者居住権を取得する旨を定める場合があります（1029条）。配偶者は、配偶者居住権の消滅に至るまでの間、居住建物を使用、収益することができます（その意味で賃貸借に類似します。ただし、居住建物の所有者の承諾を得なければ、第三者に居住建物を賃貸することはできません（1032条３項））。配偶者居住権は、これを登記したときは、居住建物について物件を取得した者その他の第三者に対抗することができ（1031条２項による605条の準用）、居住建物の所有者は、配偶者に対し登記を備えさせる義務を負います（1031条１項）。以上から、配偶者居住権が遺贈の目的とされている場合、遺言執行者は、対抗要件を具備させるために登記に係る事務を行うことになるでしょう（1012条２項）。配偶者が配偶者居住権を取得した場合、その財産的価値に相当する金銭を相続したものとして取り扱われます。このため、配偶者居住権を遺贈の目的とする場合は、税務的な観点からの検討も必要となります。遺言書作成の業務にかかわる場合で、配偶者居住権の遺贈がその内容に含まれる場合には、期間の設定等を含め、税務的な観点をふまえた適切な検討が必要といえるでしょう。

配偶者短期居住権は、配偶者が相続開始時に被相続人所有の建物に無償で居住していたことを前提に、遺産分割を経る等することなく、当然に、一定の期間居住建物を使用することが認められる権利です。配偶者短期居住権は、①居住建物について配偶者を含む共同相続人間で遺産分割をすべき場合には、遺産分割により建物の帰属が確定した日または相続開始の時から６カ月を経過する日のいずれか遅い日、②その他の場合には、居住建物の取得者による配偶者短期居住権の消滅の申入れの日から６カ月を経過する日に消滅します（1037条１項。したがって、配偶者短期居住権により少なくとも６カ月は居住建物の使用が可能です）。ただし、配偶者短期居住権の存続期間が満了する前に配偶者が配偶者居住権を取得した場合には、配偶者短期居住権は消滅します。配偶者短期居住権には、第三者対抗力はありません（使用貸借に類似します）。配偶者短期居住権は、配偶者居住権と異なり、相続財産には含まれません。

2 共同相続における対抗要件

相続法改正により、相続による権利の承継は、遺産分割によるものかどうかにかかわらず、法定相続分を超える部分については、登記、登録その他の対抗要件を備えなければ、第三者に対抗することができないことを定める規定が設けられています（899条の２第１項）。この規定は、遺贈、相続させる遺言（特定財産承継遺言）、遺産分割のいずれの場合であっても、法定相続分を超える部分の権利の承継については、対抗要件を備えなければ第三者に対抗することができないことを意味します。改正前は、判例により、遺贈による不動産の取得については登記をしなければ第三者に対抗できないとされていた一方で、相続させる遺言（特定財産承継遺言）や遺産分割による不動産の取得については登記なくして第三者に対抗することができるとされており、承継の態様によって登記の要否が異なっていましたが、改正により、いずれの場合であっても法定相続分を超える部分の権利の承継については、対抗要件を備えることが必要となりました（法定相続分の範囲内での承継については、改正前と同様対抗要件を備えなくても第三者に対抗することができます）。

相続により承継した権利が債権である場合も、法定相続分を超える部分の権利の承継については対抗要件を備えることが必要ですが、この場合、法定相続分を超えて債権を承継した相続人が当該債権に係る遺言の内容または遺産分割の内容を明らかにして通知をした場合には、相続人全員が通知をしたものとみなされます（899条の２第２項）。債権譲渡の場合の対抗要件は債務者に対する通知または債務者の承諾（債務者対抗要件）で、これらが確定日付ある証書によってされる場合は第三者対抗要件をも備えることになりますが、この通知は譲渡人によってする必要があり、共同相続の場面では原則として相続人全員あるいは遺言執行者によることが必要です。しかし、遺言執行者がおらず、共同相続人間で争いがあるような場合には、すべての相続人による通知が困難と考えられることから、このような規定が設けられたものです。なお、遺言の内容または遺産分割の内容を「明らか」にする具体的な方法は明文化されていませんが、遺言や遺産分割協議書（裁判になった場合は調停調書、審判書）の原本を提示し、債務者の求めに応じてその写しを交付する等の方法が想定されています。

なお、相続法改正により、相続させる遺言（特定財産承継遺言）の場合の遺言執行者が、対抗要件具備のために必要な行為をすることができる旨の規定が新設されており（1014条２項）、遺贈の場合（1012条２項）と特定財産承継遺言の場合とを問わず、以上の対抗要件を備えることは遺言執行者の業務の対象に含まれうることになりました。

3 持戻し免除の意思表示の推定、特別の寄与

共同相続人中に被相続人からの遺贈または婚姻や生計の資本等としての贈与（特別の受益）を受けた相続人がある場合は、その贈与の額を相続財産に回復させ、また、遺贈または贈与を受けた額を差し引くことによって、特別の受益を受けた相続人の具体的な相続分が決定されます（903条１項）。以上の贈与の額を相続財産に回復させることを特別受益の持戻しといいますが、被相続人は、この持戻しを免除する意思表示を行うことができ、この場合、特別受益を得た共同相続人がある場合でも相続財産への持戻しは行われません（同条３項）。持戻し免除の意思表示は、贈与契約書や遺言書に記載する等により行われますが、婚姻期間が20年以上の夫婦の一方が他方に対してその居住用建物またはその敷地の遺贈または贈与をしたときは、持戻し免除の意思表示をしたと推定される旨の規定が、相続法改正により新設されています（同条４項）。

たとえば遺産整理業務の場面で、特別受益があることが明らか（争いがない）である場合なども想定され、このような場合は、持戻しを行うべきか否かが問題となります。本改正も、相続業務にあたって知っておくべき内容といえるでしょう。

また、被相続人に対して無償で療養看護その他の労務の提供をしたことにより、被相続人の財産の維持または増加について特別の寄与をした被相続人の親族（特別寄与者）が、相続人に対し、特別寄与者の寄与に応じた額の金銭（特

別寄与料）の支払を請求することができる制度が設けられています（1050条）。改正前から存在する寄与分の制度は、共同相続人中に、一定の方法により被相続人の財産の維持や増加について特別の寄与をした者があるときに、その者の具体的な相続分を増大させることを目的とするものですが（904条の２）、特別の寄与をした者は共同相続人であるのが原則で、たとえば、妻が夫の親の介護に従事した場合等に寄与分が認められることは容易でないとの問題があったことから、相続人でない親族による寄与の場合に適用のある制度として当該条項が設けられています。特別寄与者は相続人でないことから、寄与分の制度と異なり、金銭（特別寄与料）の支払による解決を目指す制度とされています（つまり、特別寄与者は遺産分割の当事者になりません）。

4 法務局における遺言書の保管

相続法改正に伴い、「法務局における遺言書の保管等に関する法律」（以下「法」といいます）が成立し、同法により法務局に自筆証書遺言を保管してもらう制度が新設されています。

法務局における保管の対象になるのは自筆証書遺言（無封）に限られます（法４条２項）。遺言者は、遺言者の住所地や本籍地、あるいは所有不動産の所在地を管轄する法務局に自ら出頭し、遺言書の保管の申請を行う必要があります（同条３、６項）。

保管の申請がされた際には、遺言書保管官（法務局の職員）は当該遺言が民法上の方式に適合しているか否か（適合性）の審査を行います。ただし、適合性の審査は、外形的な確認で行うことができるもの、つまり、日付および氏名の自書、押印、加除・訂正の方式に限ることが想定されています。

遺言書は、原本が法務局の施設内で保管されるのに加え、当該遺言書の画像情報を含む情報（データ）が「遺言書保管ファイル」に記録され、法務局で管理されます（法６、７条）。

遺言者は、いつでも、遺言書の原本の閲覧の請求をすることができ（法６条）、また、遺言書の原本の返還とともに上記の法務局で管理されるデータの消去を求めることができます（法８条）。また、遺言者の相続人等一定の者は、遺言者が死亡した後に限り、遺言書の原本の閲覧の請求（したがって、相続人は遺言書の原本の交付の請求をすることができません）や、遺言書保管ファイルに記録されている事項の証明書である「遺言書情報証明書」の交付を求めることができます（法９条）。以上のとおり、法務局において遺言書が保管されている場合は、遺言者の相続人であっても遺言書の原本を入手することはできませんが、他方で、相続人は遺言書情報証明書を取得することができ、この書面により、相続登記申請等が行われることが想定されています。なお、遺言者の相続人等に当たらない第三者であっても（「何人も」）、遺言書の保管の有無等を証明する書面である「遺言書保管事実証明書」の交付の請求を行うことが可能です。

たとえば遺言執行引受予諾業務の場合に、金融機関において保管している遺言と抵触する後の遺言があることが疑われる場面等で、金融機関の立場でこの遺言書保管事実証明書の交付を請求する場合なども想定されます。

最後に、法務局で保管されている遺言書については、家庭裁判所による遺言書の検認は不要となります（法11条）。

5 遺産分割前の預貯金債権の行使

預貯金債権が相続された場合、預貯金債権は当然分割されず、その結果、遺産分割の対象に含まれることを判示した最大決平成28年12月19日により、被相続人の債務の弁済、相続人の生活費の支出等の必要がある場合でも、共同相続人全員の同意がなければ預貯金の払戻しを受けられないのが原則となりました（本章Ｑ３参照）。このことによる不都合への対処として、相続法改正に伴い、改正前から存在した家事事件手続法200条２項の仮分割の仮処分の活用の方法に加え、預貯金の払戻しの場面に限り仮分割の仮処分の要件が緩和されています（同条３項）。具体的には、同法200条２項による仮処分が「急迫の危険を防止するため必要があるとき」との厳格な要件を課すものであるところ、新設された同条３項は、相続債務の弁済、相続人の生活費の支弁その他預貯金の払戻しを受ける必要があると認められ、かつ、他の共同相続人の利益を害しないことを要件とするものとされています（なお、いずれも、遺産分割の調停または審判が係属している場合に、当該係属事件の当事者に限り申立てすることができる手続です）。

他方、民法には、家庭裁判所の判断を経ないで預貯金の払戻しを認める規定（909条の２）が設けられています。各共同相続人は、当該規定に基づき、遺産に属する預貯金債権のうち、相続開始時点の残高の３分の１に法定相続分を乗じた額の払戻しを受けることができます。この払戻しは、法務省令で定められた上限額（150万円）を超えることはできません。なお、以上の上限額は金融機関ごとのものであり、複数の金融機関に被相続人の口座がある場合はその分だけ上限額が増えることになります（図表２－２参照）。この規定により預貯金の払戻しを受けた場合、当該払戻しを受けた共同相続人が、遺産の一部の分割によりこれを取得したものとみなされます。

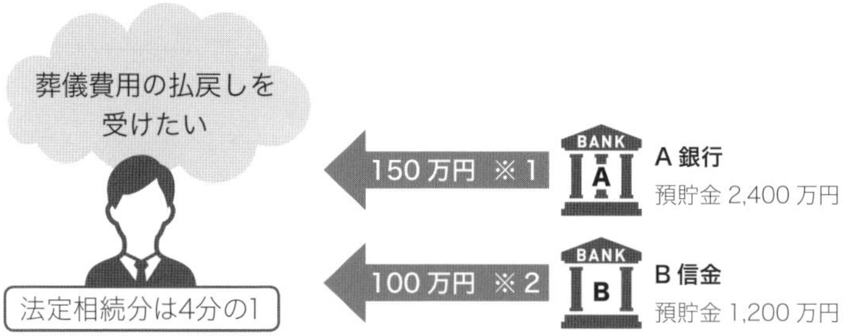

※1 2,400万円×1/3×1/4＝200万円→金融機関ごとの上限額150万円を上回るので，払戻しを受けることができるのは150万円

※2 1,200万円×1/3×1/4＝100万円→金融機関ごとの上限額150万円を下回り，100万円全部の払戻しを受けることができる

図表２－２　家庭裁判所の判断を経ない預貯金の払戻しの具体例　出所：筆者作成

係争状態にある場合を前提とする仮分割の仮処分の場面に金融機関が介在することは想定されませんが、遺産整理業務の場面において、家庭裁判所の判断を経ない預貯金の払戻し（909条の２）が行われる事態は現実に想定されえます。遺産整理業務にあたっては、遺産分割成立に至るまでの間に当該払戻しが行われる可能性もふまえ、業務にあたる必要があるといえるでしょう。

第3章

遺言執行引受予諾業務・履行補助業務

Q1 遺言の解釈

遺言執行引受予諾業務の場合は、金融機関によるアドバイスに基づき遺言が作成されるためあまり想定されないように思いますが、遺言執行履行補助業務を受託する場合、遺言書の作成に専門家が関与していない場合も多く、その内容が一義的に明らかでないケースが想定されるように思います。このような場合、遺言はどのように解釈されるべきなのでしょうか。また、遺言の趣旨が不明確であった場合、金融機関としてはどのような点に注意すべきでしょうか。

1 遺言の解釈

遺言においては、相続財産について、相続発生の時点において、だれに（相続人か、相続人のうちだれか、相続人でないか等）、何を（承継の対象となるのは相続財産の全部か、割合的に与えるのか、特定の財産を与えるのか等）、どのように（相続させる遺言か、遺贈か等）承継させるかについて定めが置かれます。以上が明確であれば、特段問題は発生しませんが、他方、特に、弁護士や金融機関等の専門家、あるいは公証人がその作成に関与しない自筆証書遺言の場合、以上の諸点が必ずしも明らかでないケースがありえ、この場合、その遺言をどのように解釈すべきかが問題となります。

2 判例法理

遺言の解釈については、遺言が遺言者の意思の実現を図るための制度であることから、可能な限りこれを有効となるように解釈することが遺言者の意思に沿う（最判平成５年１月19日民集47巻１号１頁）、そのため、遺言の解釈にあたっては、遺言書の文言を形式的に判断するだけではなく、遺言者の真意を探求すべきである（最判昭和58年３月18日家月36巻３号143頁）というのが判例の基本的な態度です。

以上でいう遺言者の真意の探求のため、遺言書が複数の条項で構成される場合に、そのうちの特定の条項を解釈するにあたっては、単に遺言書のなかから当該条項のみをほかから切り離して抽出し、その文言を形式的に解釈するだけでは十分ではなく、遺言書の全記載との関連、遺言書作成当時の事情および遺言者の置かれていた状況などを考慮して、遺言者の真意を探求し、当該条項の趣旨を確定すべきとされます（上記最判昭和58年）。また、遺言書の文言を前提にしながらも、遺言者が遺言書作成に至った経緯およびその置かれた状況等を考慮することも許される（上記最判平成５年）、ただし、遺言書の記載自体から遺言者の意思が合理的に解釈しうる場合は、遺言書に表れていない事情をもって、遺言の意思解釈の根拠とすることは許されないとされています（最判平成13年３月13日家月53巻９号34頁）。

3 具 体 例

遺言の解釈が争われたケースとして、次の事例があります。

（１）「全部を公共に寄与する」ことを定める遺言（前記最判平成５年）

遺言者Ａが、法定相続人であるその妹らと長らく絶縁状態にあった事例で、Ａが、生前、知人Ｂに遺言の執行を委嘱する旨の自筆証書遺言を作成し、Ｂに対し当該遺言（甲遺言）を預けるとともに、後日、ＡがＢの面前で「遺産は一切の相続を排除し」「全部を公共に寄与する」記載のある自筆証書遺言（乙遺言）を作成し、これもＢに預けたという事案です。Ｂは、Ａの死亡後、遺言執行者に就職しています。

判決は、遺言書の文言全体の趣旨や遺言書作成時のAの置かれた状況から、Aが、自らの遺産を法定相続人に取得させず、これをすべて公益目的のために役立てたいとの意思を有していたことが明らかであるとし、さらに、「全部を公共に寄与する」の文言は、公益目的を達成することのできる団体等（国、地方公共団体や公益目的の法人等）に対し遺産の全部を包括遺贈する趣旨であると解しました。そのうえで、甲遺言や乙遺言が作成された経緯も考慮すると、乙遺言は、遺言執行者であるBに対し、上記の団体等から受遺者として特定の者を選定することを委ねる趣旨を含むものと解するのが相当と判断しています。

（２）住所で表示された不動産の遺贈について、当該住所にある土地および建物を一体として遺贈する趣旨であると解した事例（前記最判平成13年）

遺贈の目的として単に「不動産」と記載され、その所在場所として遺言者の住所が記載されている遺言について、それが建物のみの遺贈であるのか、あるいは土地、建物を一体として遺贈する趣旨であるかが争われた事例です。

住所（住居表示）は、法律的には「住居」、つまり建物の所在場所を意味します。原審は、このことも重視し、以上の遺言は建物のみを遺贈の対象とするものであると判断しました。これに対し、最高裁は、遺言には単に「不動産」と記載され、土地を明示的に排除した記載でないこと、遺言に記載された住所が、遺言者が長年居住していた自宅の所在場所を表示する住居表示であること等から、遺言書の記載自体から遺言者の意思が建物のみならず土地をも含む趣旨であることが合理的に解釈できるとして、原審の判断を破棄しています。

(３)「法的に定められたる相続人を以って相続を与える」の解釈（最判平成17年７月22日家月58巻１号83頁）

遺言者Ａは、その兄夫婦の子Ｂを嫡出子（婚姻関係にある夫婦の間に生まれた子）として出生の届出をし、Ａとその妻およびＢとはＡの死亡に至るまで約40年間にわたって親子と同様の生活をしていたという背景のもと、「法的に定められたる相続人を以って相続を与える」旨定められたＡの遺言の解釈が争われた事案です。

前提として、Ｂは実際にはＡの子でないため、法律上の相続人には当たりません（Ｂに嫡出子の身分を取得させるのであれば、Ａの嫡出子として届け出るのではなく、養子縁組をすべき事案でした）。原審は、遺言の「相続人」の文言がＢを特定するものでないことや、「相続を与える」が文言上遺贈を意味するものではないことを理由に、これをＢに対する遺贈ではなく、Ａの法定相続人（Ａの兄弟姉妹）に相続させる趣旨であると判断しました。これに対し、最高裁は、上記のとおりＡとＢとが長年親子と同様の生活をしていたこと、遺言書が作成された当時、戸籍上はＢがＡの唯一の相続人であったこと、加えて、Ａが法律の専門家ではなかったことからすれば、以上の文言はＢに対する遺贈であると解する余地が十分にあると判断しています。

4 遺言執行履行補助業務を受託すべきかの判断

以上のとおり、判例法理に従えば、遺言は、なるべく有効となるように解釈すべきものであり、そのためには、遺言書の内容のみならず、周辺事情もふまえ遺言者の真意が探求される必要があります。

しかし、この判断は、前記第３項の各判例のうち（２）、（３）が原審の判断が覆された事例である（つまり、高裁と最高裁とで結論を異にしている）ことからも明らかなように、判断が分かれうるもので、金融機関による判断は必ずしも容易ではありません。また、異なる解釈の可能性がある以上、相続人あるいは受遺者とされた者の間で紛争が生じることも想定され、このような遺言に関し金融機関が業務を行うことについては、日弁連と信託協会の合意書において、遺言作成に関する相談に応じることができないとされた「法的紛争が生じる蓋然性がきわめて高いと認められる場合」や、遺言執行業務について遺言執行者に就職すべきでないとされた「法的紛争が生じており、遺言執行業務を遂行することが著しく困難と認められる場合」に該当するおそれもなしとしません（第１章Ｑ５参照）。遺言執行履行補助業務を受託するにあたっては、まず、遺言の内容も確認し、その解釈について疑義が生じるおそれが認められるようであれば、同業務の受託は控えるべきと判断するのが適当と考えられます。

Q2 特定遺贈と包括遺贈の併存

当行において遺言執行引受予諾業務の受託を前提に、遺言書作成の相談に乗っている顧客Ａには相続人がいません。Ａは、自らの資産のうち、預金1,000万円を財団法人Ｂに遺贈し、この預金1,000万円を除く不動産、預貯金等いっさいの財産を、現在、Ａの身の回りの世話をしてくれている知人Ｃに遺贈する内容の遺言とすることを希望しているのですが、このような内容の遺言を作成することについて問題はないでしょうか。

1 特定遺贈

特定遺贈とは、受遺者（遺贈を受ける者）に与えられる目的物や財産的な利益が特定された遺贈をいいます。特定遺贈であるか、後述する包括遺贈であるかにかかわらず、遺贈は、相続人に対しても、また、第三者に対しても行うことができます（ただし、相続人に対する「相続させる」遺言は、特定財産承継遺言（1014条）として遺贈とは異なる法的性質を有します）。

特定遺贈の受遺者は、遺言者の死亡後、いつでも遺贈の放棄をすることができ、この場合、遺贈の放棄は遺言者の死亡の時にさかのぼってその効力を生じます（986条）。受遺者が遺贈を放棄するか否かは、利害関係人の地位に影響するため、遺贈義務者その他の利害関係人は、受遺者に対し相当の期間内に遺贈の承認または放棄をすべき旨の催告を行うことができ、この場合に受遺者がその期間内に意思表示をしない場合は、遺贈を承認したものとみなされます（987条）。

2 包括遺贈

包括遺贈とは、遺産の全部または一定割合で示された部分の遺産を受遺者に与える遺贈をいいます。「自分の財産全部を○○財団に譲る」のような遺産の全部を与える場合を全部包括遺贈、「自分の財産の2分の1を○○（非相続人）に譲る」のような遺産の一部を割合的に与える場合を割合的包括遺贈（一部包括遺贈）といいます。

包括受遺者は、相続人と同一の権利義務を有します（990条）。そのため、包括受遺者は、特定遺贈の場合と異なり、積極財産のみならず消極財産（債務等）も承継することになり、また、包括遺贈の放棄、承認には、特定遺贈の場合の規定（986～989条）でなく相続の放棄、承認の規定（915～919条）が適用され、その放棄あるいは限定承認をする場合には3カ月の熟慮期間内に行うことが必要です（相続の承認・放棄について第2章Q5参照）。

このように、包括遺贈は特定遺贈と異なる性質を有するため、遺言執行者としては遺言において定められた遺贈が、特定遺贈と包括遺贈のいずれであ

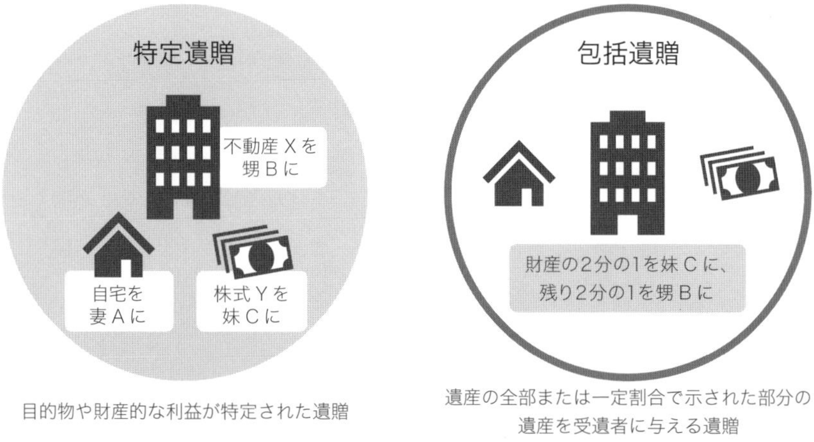

図表3－1　特定遺贈と包括遺贈　　出所：筆者作成

るかを適切に判断することが必要です。この点、「遺産ノ全部ヲＡ、Ｂ、Ｃ（筆者注：Ａら３名はいずれも遺言者の相続人ではない）ニ贈与スル　寺ト地所、家ハＣガトル　Ｃヲ遺言シッ行者トスル」との遺言について、「遺産ノ全部」の贈与をいう１文目にかかわらず、２文目（寺ト地所、家ハＣガトル）がＣに対する不動産の特定遺贈であると判断した裁判例（東京高判平成10年９月10日判タ1071号172頁）があるなど、事例ごとに異なった判断がありうることには注意が必要でしょう。

3 特定遺贈と包括遺贈の併存

ところで、包括遺贈は、前記のとおり遺産の全部または一定割合で示された部分の遺産を受遺者に与える遺贈ですが、遺産の「一部」を包括遺贈することは可能でしょうか。たとえば、遺産のうち特定の財産を甲に遺贈（特定遺贈）し、残りの財産の全部を乙に遺贈するとした場合（甲、乙はいずれも非相続人）、乙に対する遺贈は包括遺贈と認められるか、という問題です。後者が包括遺贈であるとすれば、乙は、積極財産のみならず債務等の消極財産をも承継することになり、また、法定相続人がいない場合、全財産の包括受遺者がいるか否かで相続財産管理人選任が必要となる相続人不存在に該当するかどうかが変わるため、乙に対する遺贈が包括遺贈であるか、あるいは特定遺贈であるかは重要といえます。

この点について、東京地判平成10年６月26日（判時1668号49頁）は、「『特定財産を除く相続財産（全部）』というかたちで範囲を示された財産の遺贈であっても、それが積極、消極財産を包括して承継させる趣旨のものであるときは、相続分に対応すべき割合が明示されていないとしても、包括遺贈に該当する」と判示しており、当該裁判例を前提とすれば、一般論として、特定遺贈と包括遺贈の併存は認められうるというのが結論となるように思われます。なお、前記第２項であげた東京高判平成10年は、遺言の１文目「遺産ノ全部ヲA、B、Cニ贈与スル」について、Cに特定遺贈された不動産を除いた一部の包括遺贈と解するか、あるいは特定遺贈と解するか、いずれの可能性もあることを示唆しており、当該裁判例からも同様の考え方が読み取れます。

このように、特定遺贈と包括遺贈の併存が認められうるとして、具体的なケースにおいて遺言をどのように解釈すべきかについては慎重な検討が必要です。上記の東京地判平成10年も、「それが積極、消極財産を包括して承継させる趣旨のものであるときは」遺産の一部であっても包括遺贈をなしうる旨を判示しており、結局、包括遺贈であるか否かは遺言書の記載や遺言者の意思の合理的解釈もふまえ、判断されるほかないと考えられるためです。たとえば、財産の大半を特定遺贈したうえ、ごく一部の積極財産を包括遺贈するとされた遺言に関し、相続債務が多額にのぼるような場合には、後者を包括遺贈と解することは許されないと判断される蓋然性が高いといえるように思われます。

4 本件の留意点

Aが希望する遺言の内容のうち、Bに対する遺贈が特定遺贈であることは明らかですが、Cに対する遺贈についてAがどのように考えているのか（消極財産の承継をも意図する趣旨であるのか）は精査が必要です。この場合のAの意思については、相続発生時に存在することが想定される債務の有無等も含め、その真意が探求される必要があるでしょう。

そのうえで、たとえば未払いとなった医療費であるとか、Aとしても清算を希望する内容の債務しか残らないであろう場合等、Cに対して消極財産の承継を望むことも想定されます。このような場合には、Cに対する遺贈は包括遺贈とすることになります。

この場合、Bに対する特定遺贈とCに対する包括遺贈が併存することになります。そのこと自体は、前項で述べたとおり一般論としては認められうるものですが、条項の解釈（特定遺贈であるか、包括遺贈であるか）に争いが生じるおそれがあることもふまえ、作成する遺言においては、Ｃに対する遺贈が包括遺贈であることを明らかにすることが必要と考えられます（「包括遺贈する」などの文言を用いることになります）。

Q3 死因贈与と遺贈

顧客Ａから相続について相談を受けているのですが、Ａは、自らが死亡した際にはその所有する甲不動産を甥のＢ（Ａには妻子があり、Ｂは推定相続人ではない）に承継させるかわりに、Ａの生前は、Ｂから金銭的な援助を受けることを希望しています。Ａによれば、Ａが懇意にしている税理士からは、このようなＡの希望に沿う方法として、死因贈与契約を結ぶ方法があるのではないか、とのアドバイスを受けているようなのですが、死因贈与とはどのようなものでしょうか。

1 死因贈与

死因贈与とは、贈与者の死亡によって受贈者に財産を与えるという効力が発生する贈与契約をいいます。契約ですので、単独行為である遺贈（遺言者の一方的な意思表示により成立し、受遺者の承諾を必要としない）とは異なり、贈与者と受贈者との間で契約が締結される必要があります。

以上のとおり、死因贈与と遺贈とは法的な性格が異なるものですが、他方、行為者の死亡により効力が発生する点で経済的な機能は共通しています。民法も、これらが共通の機能を有することを認めており、死因贈与については、その性質に反しない限り、遺贈に関する規定を準用する旨の規定が設けられています（554条）。ただし、同条によって具体的にどのような規定が準用されるかは定められておらず、個別の検討が必要です。

2 死因贈与と遺贈の相違点（遺贈の規定が準用されない場合）

554条は、死因贈与契約の効力については遺贈に関する規定に従うべきことを規定しただけで、その契約の方式についても遺言の方式に関する規定に従うべきことを定めたものではないとするのが判例の立場です（最判昭和32年５月21日民集11巻５号732頁）。このように、遺言の方式に関する規定は準用されませんので、自筆証書遺言、公正証書遺言等の普通の方式による遺言の規定（967条以下）や、危急時遺言、隔絶地遺言の特別の方式による遺言の規定（976条以下。第２章Ｑ８参照）の規定は死因贈与の場合には準用されません。したがって、死因贈与契約の締結は書面による必要はなく、口頭でも契約は成立します（書面によらない場合は、贈与の節の規定（550条）の適用があり、履行の終わっていない部分については各当事者が解除をすることができます）。

また、遺言能力に関する規定（961～963条）や、遺言書の検認、開封に関する規定（1004、1005条）も、死因贈与の場合には準用されないと解されています。

さらに、死因贈与が契約であるのに対し、遺贈は単独行為であることから、遺贈が単独行為であることに基づく規定、具体的には、遺贈の承認、放棄に関する規定（986条以下）は死因贈与の場合に準用されないと解されています。

3 死因贈与と遺贈の共通点（遺贈の規定が準用される場合）

前記最判昭和32年のとおり、死因贈与契約の効力については遺贈に関する規定が準用されることから、受遺者の権利義務に関する規定や遺留分に関する規定などが準用されます。

遺言者が、いつでも、遺言の方式に従って、遺言の全部または一部を撤回することができる旨の規定（1022条）が死因贈与の場合に準用されるかについては、死因贈与は贈与者の死亡によって贈与の効力が生ずるものであり、このような贈与者の死後の財産に関する処分については、遺贈と同様、贈与者の最終意思を尊重するのが相当であるとの理由により、その方式に関する部分を除いて1022条が準用されるとするのが判例です（最判昭和47年５月25日民集26巻４号805頁）。当該判例の趣旨から、前の遺言が後の遺言と抵触するときに、その抵触する部分について後の遺言で前の遺言を撤回したものとみなす1023条の規定も、死因贈与の場合に準用されると理解されます（死因贈与契約が締結された後に、その内容と抵触する遺言が作成されるような場合には1023条が準用されます）。

ただし、1022条や1023条の準用が否定される場合もあります。判例は、負担付死因贈与の場合において、受贈者が贈与者の生前、負担を履行していた（その生前、10数年間にわたって生活費の支払を行っていた）事例について、受贈者が約旨に従い負担の全部またはそれに類する程度の履行をした場合においては、贈与者の最終意思を尊重するあまり、受贈者の利益を犠牲にすることは相当でないとしたうえで、このような場合は、死因贈与契約締結の動機、負担の価値と贈与財産の価値との相関関係等に照らし、受贈者の負担の履行状況にもかかわらず負担付死因贈与契約の全部または一部の取消しをすることがやむをえないと認められる特段の事情がない限り、1022条や1023条を準用するのは相当でない旨を判示しています（最判昭和57年４月30日民集36巻４号763頁）。

4 その他の相違点

その他の死因贈与と遺贈の相違点としては、遺贈の場合、受遺者は、遺言者の生存中、遺贈の対象となる不動産について権利保全のための仮登記をすることはできませんが、死因贈与の場合、始期付所有権移転仮登記をすることができます。

また、死因贈与と遺贈とでは、不動産登記手続に際して登録免許税や不動産取得税の課税の有無や料率に違いがあります。

5 本件の留意点

本件で、Ａは、その生前にＢからの金銭的な援助を希望しているところ、これは、死亡の時から効力を生じる（985条）遺贈の方法では実現がむずかしいと考えられ、死因贈与契約（負担付死因贈与）の締結は有用な方法と考えられます。死因贈与契約の締結は、前記のとおり書面によることが必須ではありませんが、Ｂの負担の内容を明確化するためにも、適切な内容の死因贈与契約書が締結されるべきでしょう。

他方、死因贈与契約を結ぶ場合のデメリットとして、Ｂが契約に従った負担の履行を行った場合には、Ａが死因贈与を撤回（1022、1023条）することは困難になる可能性があること、他方、Ｂとしても、（遺贈の放棄の規定が準用されないことから）死因贈与契約に基づく甲不動産の取得を拒絶することができないことがあります。Ａ、Ｂにおいて死因贈与契約を締結する場合には、このようなデメリットを認識しておくことも必要といえるでしょう。

Q4 負担付遺贈

当行の顧客Aの公正証書遺言には「A名義の甲銀行の預金を、Dに遺贈する。Dは、この相続の負担として、Aの妻Bが死亡するまで同人を高齢者介護施設に入所させ、扶養しなければならない」旨の条項があります。なお、Aの相続人には、妻Bのほかに子Cがいます。当行は、この遺言において遺言執行者に指定されています。

今般、Aが死亡し、Dは遺言の内容に従いBを入所させる施設を探しているのですが、入所費用や入所後の介護の費用に要する費用は少なく見積もっても3,000万円を超えてしまうようです。ところが、Aの相続発生時点で、甲銀行の預金は2,000万円程度しかありませんでした（遺言の作成時には、3,000万円を大きく超える預金があったのですが、その後、亡くなるまでの間に残高が減少したようです）。

そのため、Dは、負担の履行をためらっており、遺贈を放棄することも検討しているようですが、もしDが遺贈を放棄した場合はどうなるのでしょうか。また、このままDが何もしない場合、相続人であるBやCにできることはあるでしょうか。

1 負担付遺贈

負担付遺贈とは、受遺者に一定の行為を負担させることを内容とした遺贈をいいます（1002条）。負担の内容は、遺贈の対象と関係するものである必要はなく、また、負担の履行と遺贈の履行とは同時履行の関係には立ちません（そのため、本件の場合、遺言執行者の立場からはDに対する甲銀行の預金の遺贈手続を早期に行うべきであるといえますが、他方で、Dが遺贈の放棄を検討しているとの事情があり、どのタイミングで実際に手続を行うべきかはむずかしい問題です）。

負担の履行によって利益を受ける者（受益者）は、相続人である必要はなく、第三者を受益者とする負担付遺贈も有効です。受益者が相続人でない第三者である場合、受益者自身が受遺者に対して負担を履行するよう求めることができることはもちろん、相続人が受遺者に対して同様の請求をすることも可能と解されています（第三者のためにする契約（537条以下）の場合と同様であると説明されます）。

負担付遺贈を受けた者は、遺贈の目的の価額を超えない限度においてのみ、負担した義務を履行する責任を負います（1002条１項）。したがって、本件の場合、Ｄが負担すべきであるのは2,000万円の限度となり、ＢやＣは、それを超える分（施設への入所費用や介護費用のうち2,000万円を超える分）の負担をＤに求めることはできません。

2 負担付遺贈の放棄、負担付遺贈に係る遺言の取消し

負担付遺贈も遺贈ですので、特定遺贈の場合（本件の場合はこれに当たります）、ＤはＡの死亡後いつでも遺贈の放棄をすることができます（986条）。Ｄが遺贈を放棄したときは、受益者であるＢは、自ら受遺者となることができます（ただし、遺言で別段の意思が表示された場合はその意思に従う。1002条２項）。

また、負担付遺贈を受けた者がその負担した義務を履行しないときは、相続人は、相当の期間を定めてその履行の催告をすることができ、その期間内に履行がないときは、その負担付遺贈に係る遺言の取消しを家庭裁判所に請求することができます（1027条）。共同相続の場合、以上の請求は各相続人が単独で行うことができます。また、遺言執行者による請求も可能です（1012、

1015条）。負担付遺贈に係る遺言の取消しは家事審判の手続によりますが、家庭裁判所は、この審判をする場合には、受遺者および受益者の陳述を聴かなければなりません（家事事件手続法210条１項２号）。負担付遺贈を取り消す旨の審判がされたときは、負担付遺贈は初めから無効であったものとみなされ、その結果、受遺者が受けるべきであったものは相続人に帰属します（民法995条）。遺贈が取消しによって失効した場合、受遺者は、受け取った遺贈の目的物を相続人に返還する義務を負担します（返還ができない場合は、目的物の価額を償還します）。

3 本件の留意点

本件では、受遺者であるＤが取得する甲銀行の預金（約2,000万円）と、負担の額（少なくとも3,000万円）が見合わないため、Ｄが負担の履行をためらっているという事情があり、そのため、負担の履行が遅れ、遺言執行者の立場としても、甲銀行の預金のＤに対する遺贈手続を進めるべきか、悩ましい事例ではないかと思われます。

この点、Ｄが遺贈の放棄または承認に関する態度を明確にしないのであれば、遺言執行者において、受遺者であるＤに対し、相当の期間を定めて、その期間内に遺贈の承認または放棄をすべき旨を催告する方法も考えられます（987条）。この催告を受け、Ｄが遺贈を放棄した場合は、受益者であるＢは、自ら受遺者となることができます（1002条２項）。他方、Ｄが遺贈を承認し、あるいは、この期間内にＤが遺贈義務者に対してなんらの意思表示をしない場合は、遺贈を承認したものとみなされます（987条）ので、受益者であるＢとしては、Ｄに対し負担の履行を求めることが考えられます。

遺贈の放棄をせず、負担を履行すべき義務を負うにもかかわらず、Ｄが負担の履行をしない場合、受益者であるＢが不安定な立場に置かれることから、相続人であるＢやＣは、負担付遺贈に係る遺言の取消しの請求の手続（1027

条）を進める方法が考えられます。負担付遺贈の取消しが認められる場合、遺贈は初めから無効であったものとみなされ、その結果、Ｄが取得すべきであった甲銀行の預金は相続人であるＢ、Ｃに帰属することになります（995条）。

Q5 被後見人による遺言

家庭裁判所の後見開始の審判を受けて被後見人となっているＡの親族から、当該被後見人による遺言の相談を受けたのですが、そもそも被後見人は遺言をすることができるのでしょうか。

また、自ら後見人になる人を選択できる任意後見契約というものがあると聞きましたが、任意後見契約を締結している人による遺言の可否についてはどのように考えればよいでしょうか。

1 遺言能力

15歳に達した者は、遺言をすることができますが（961条）、遺言をするためには、遺言をする時においてその能力を有しなければならないとされています（963条）。

民法上は、この遺言能力の具体的な内容について定義はありませんが、自らの財産や身分関係をふまえて、自らがする遺言の内容やその遺言によって生じる効果を認識し理解することができる能力であると考えられます。

法律行為一般については、未成年者（なお、成人になる年齢は、現在は20歳ですが、2022年４月１日以降は18歳に変わります）に関する行為能力の制限や、事理弁識能力を欠いている場合や不十分な場合の行為能力の制限（法定後見制度）がありますが、遺言は遺言者の死亡により効力を生じるもので、生存中に遺言者に不利益を与えないこと、法定後見制度の適用を受けている場合でも、常に事理弁識能力を欠きまたは不十分となっているわけではなく、一時的に判断能力を回復することもありうること等から、上記のとおり年齢による制限は15歳とされているほか、未成年者、被後見人、被保佐人、被補助人に関する行為能力の制限の規定は適用が排除されています（962条）。

すなわち、制限能力者であっても、15歳以上であり、かつ、遺言をする時に遺言能力があれば、有効に遺言をすることができるということです。

なお、遺言者が亡くなった後、相続人同士で遺言者の遺言能力の有無をめぐって紛争となることはしばしばあり、多くの裁判例も存在します。この点、公正証書で遺言をすれば、公証人による遺言能力の有無の確認がなされるため、一般論として、遺言をする場合には、自筆証書遺言による方法よりも、公正証書遺言による方法を選択するのが望ましいと考えます。

2 被後見人による遺言

被後見人については、事理弁識能力を欠く常況にある者であることから、通常は遺言能力を欠く状態にあると考えられるため、一時的に遺言能力を回復した際に遺言をする場合においても、その有効性を担保できるように一定の要件が課されています。

すなわち、成年被後見人が事理を弁識する能力を一時回復した時において遺言をする際には、医師二人以上の立会いがなければなりません（973条１項）。また、遺言に立ち会った医師は、遺言者が遺言をする時において精神上の障害により事理を弁識する能力を欠く状態になかった旨を遺言書に付記して、これに署名し、印を押さなければならず（同条２項本文）、ただし、秘密証書遺言による場合は、その封紙にその旨を記載し、署名し、印を押さなければならないこととされています（同項ただし書）。

この要件を欠く成年被後見人による遺言は無効となります。

遺言の方式について制限はないため、自筆証書遺言、公正証書遺言、秘密証書遺言のいずれの方法によることもできます。

なお、被保佐人や被補助人の場合は、これらの要件を要することなく、遺言能力があれば、有効に遺言をすることができます。

3 任意後見制度とは

ある者が事理を弁識する能力を欠き、または、不十分な常況となったときは、一定の者の申立てにより、裁判所が後見、保佐または補助開始の審判を行ったうえ、裁判所が後見人、保佐人または補助人を選任し、これらの者によって財産管理が行われることになります（法定後見制度）。

これに対して、事理弁識能力が不十分な常況になる前に、一定の要件のもと、事理弁識能力が不十分な状況になった場合に自らの財産管理等を任せる相手をあらかじめ決めておくことができる制度が任意後見制度です。

すなわち、自らが事理弁識能力が不十分になったときに財産管理等を任せたい者との間で、一定の様式の公正証書で任意後見契約（委任者が、受任者に対し、精神上の障害により事理を弁識する能力が不十分な状況における自己の生活、療養看護および財産の管理に関する全部または一部を委託し、その委託に係る事務について代理権を付与する委任契約であって、任意後見監督人が選任された時からその効力を生ずる定めがあるもの（任意後見契約に関する法律2条1号））を締結し、任意後見契約の登記をしている場合、実際に本人が精神上の障害により事理弁識能力が不十分な状況にあるときは、一定の者の申立てにより、家庭裁判所は任意後見監督人を選任し、これにより任意後見契約が効力を生じ、任意後見契約の受任者が任意後見人として契約で定められた後見業務を行うこととなります。

任意後見契約は、一般的な法律行為と同様に、事理弁識能力を有する状況で締結する必要がありますので、任意後見契約を締結していることから直ちに遺言能力に疑義が生じるものではありません。

また、任意後見監督人が選任され任意後見契約が効力を生じた場合においても、直ちに遺言ができなくなるわけではなく、あくまでも遺言をする時に遺言能力があれば有効に遺言をすることはできます。

ただし、家庭裁判所によって事理弁識能力が不十分であると判断されているわけですから、遺言能力の有無も慎重な判断が必要になります（任意後見契約は、締結した際に登記することとなるほか、任意後見監督人が選任されると登記されますので、任意後見監督人が選任されているかどうか（任意後見契約が効力を生じているかどうか）は登記で確認することができます）。

後見という文言が使われているものの、任意後見契約が効力を生じても、民法上の後見が開始されて成年被後見人となるわけではありませんので、遺言をするにあたり前記第2項に記載した要件は不要です。

なお、任意後見契約を締結する場合、あわせて、委任者が事理弁識能力を有する段階から財産管理等を任せる委任契約を締結する場合もあります。この場合、任意後見契約が効力を生ずる前から受任者は委任者の財産管理等を行うことになります。

4 本件の留意点

前記のとおり、成年被後見人であっても、一定の要件のもとで遺言をすることはできますが、二人以上の医師の協力が必要であるほか、実際には、遺言をする際に一時的に事理弁識能力を回復していることだけではなく、準備段階として財産状況や遺言者の希望等を確認する必要があり、その確認をするためにも意思疎通を図る必要がありますので、具体的に遺言の相談を受けようとする場合には、相当に慎重な判断が必要と考えられます（金融機関としては、そもそも相談を受けること自体を回避するのが望ましいでしょう）。

委任者として任意後見契約を締結している者からの遺言の相談の場合、任意後見監督人が選任されていなければ、通常の相談として対応することで問題ないと考えられます。

他方で、任意後見監督人が選任され任意後見契約が効力を生じている場合には、遺言をするにあたり特別な要件は不要であるものの、遺言能力にも疑義が生じるので、遺言の相談を受けるにあたっては相当に慎重な判断が必要であり、この場合も、金融機関としては、相談を受けること自体制限的に考えるべきと思われます。

Q6

相続分や遺留分を減らす目的での養子縁組

　現在、当行の顧客Ａから遺言の作成について相談を受けています。Ａの推定相続人には、子であるＢ、Ｃ、Ｄがあり、ＢはＡと同居しています。

　Ａとしては、同居するＢに対し、Ａの主要な財産である自宅土地、建物を相続させたいと考えているのですが、相続発生後にＣ、Ｄとの間で遺留分について争いが生じるような事態は避けたいと考えています。このようななか、将来の遺留分に関する紛争を回避する方法として、ＢからＡに対し、Ｂの妻Ｅと子ＦをＡの養子とする方法はどうか、との提案があったようなのですが、このような方法で何か問題が生じることはないでしょうか。

1 養　子

　養子は、血縁関係によらず親子関係を創設するための制度です。養子は、戸籍法の規定による縁組の届出によってその効力を生じます（799、739条）。未成年者を養子とする場合には、家庭裁判所の許可が必要であるのが原則ですが、結婚相手の連れ子であるとか、自分の孫を養子にする等、自己または配偶者の直系卑属を養子とする場合には許可は不要となります（798条）。縁組の届出が受理されるためには、養親となる者が成年者であること（792条）、養子となる者が尊属または年長者でないこと（793条）、配偶者のある者が未成年者を養子とする場合には原則として配偶者とともにすること（795条）等の一定の要件を満たすものであることが確認される必要があります（800条）。

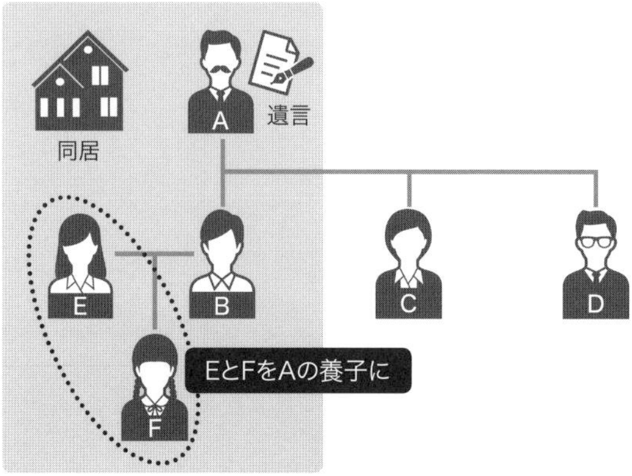

図表３－２　本件の関係図　　出所：筆者作成

当事者間に縁組をする意思がない場合、縁組は無効となります（802条１号）。このように、縁組の成立のためには養親となる者と養子となる者との意思の合致が要件となりますが、養子となる者が15歳未満であるときは、親権者等の法定代理人が本人にかわって縁組の承諾をすることができます（いわゆる代諾養子縁組。797条）。

縁組の成立により、養子は、養親の嫡出子の身分を取得します（809条）。したがって、養親が死亡した場合には、養子は養親の相続人となります。養親の嫡出子の身分を取得しても、実親との親子関係は存続します。

2 特別養子

以上はいわゆる普通養子についての説明ですが、以上と異なり、養子と実親およびその血族との親族関係が終了する特別養子という制度が存在します。

特別養子縁組は、普通養子が当事者間の意思の合致により成立するのと異なり、家庭裁判所の審判によって成立します（817条の２、家事事件手続法164

条）。特別養子縁組の場合、養親となる者は配偶者のある者でなければならず（民法817条の３）、また、少なくとも養親となる夫婦の一方が25歳以上であることが必要です（夫婦の一方が25歳に達していない場合は、その者が20歳以上である必要があります。817条の４）。養子となる者は、家庭裁判所に対する特別養子縁組の請求の時に15歳未満であるのが原則で（817条の５）、また、特別養子縁組の成立には実親の同意（817条の６）が必要です。養親となる者および養子となる者について以上の要件を満たすことを前提に、実親の看護が著しく困難または不適当であることその他特別の事情がある場合で、かつ、子の利益のため特に必要があると認められる場合に、特別養子縁組の成立が認められます（817条の７）。

以上の実体上の要件に加えて、特別養子縁組を成立させるためには、養親となる者による６カ月間以上の試験養育期間を経る必要があります（817条の８）。

3 遺 留 分

本件の検討に移る前に、遺留分についても簡単にみておきましょう（詳細は本章Q20参照）。

遺留分とは、遺贈や贈与によっても侵害することができない一定の法定相続人に認められた権利をいいます。直系尊属のみが相続人である場合は３分の１、それ以外の相続人の場合には２分の１が遺留分の割合となり、遺留分を算定するための財産の価額（1043条１項）に遺留分の割合を乗じ、さらに個々の相続人の法定相続分を乗じた額が各相続人の遺留分となります（1042条）。遺留分権利者は、遺留分を侵害する受遺者や受贈者に対し、1046条２項に定める方法により算定される遺留分侵害額に相当する金銭の支払を請求することができます（遺留分侵害額請求権）。

4 当事者間に縁組をする意思がない場合

判例は、「当事者間に縁組をする意思がない場合」（802条1号）について、真に養親子関係の設定を欲する効果意思を有しない場合を意味するとしており（最判昭和23年12月23日民集2巻14号493頁）、縁組を有効とした例として、二男に財産を取得されるのを好まず、長男の子二名に相続分を与える目的で当該二名を養子にした事案について養子縁組を有効とした事案（最判昭和38年12月20日家月16巻4号117頁）や、過去に情交関係があった姪を養子とする縁組について、情交関係が偶発的に生じたものにすぎず、事実上の夫婦然たる生活関係を形成したものではなかった等の事情があるときは養子縁組の意思が有効に存在するとした事案（最判昭和46年10月22日民集25巻7号985頁）などが存在します。さらに、最高裁は、近時、もっぱら相続税の節税のために養子縁組をする場合であっても、直ちに当該養子縁組について当事者間に縁組をする意思がない場合には当たらないとの判断を行っています（最判平成29年1月31日民集71巻1号48頁）。

他方、当事者間に縁組をする意思がない場合に当たるとして、縁組の無効を認めた裁判例として東京高判昭和57年2月22日家月35巻5号98頁や、大阪高判平成21年5月15日判タ1323号251頁があります。

5 本件の留意点

前記のとおり、真に養親子関係の設定を欲する効果意思を有しない場合が「当事者間に縁組をする意思がない場合」（802条1号）に当たるとするのが判例の立場であるところ、特に養子となる者が成年である場合は、嫡出子の身分を取得する＝親子になるといっても、縁組の法的効果として親権などが問題にならない以上、相続による財産移転を縁組の目的とすることが直ちに否定されることは妥当でないと考えられます。実際、前記の複数の判例は、節税目的の場合を含め、広く縁組を有効としており、そのため、本件のＡとＥやＦとの養子縁組が直ちに無効とされるとはいえないように思われます。

他方、上記のように、養子縁組を無効とする裁判例があることにも注意が必要です。前者（東京高判昭和57年）は、無効とされた縁組において養親とされていた者（父）の生前に、父の財産の承継について兄弟姉妹間で激しい紛争が生じていた事例で、兄弟姉妹のうち長男が父の財産につき弟妹の将来の相続分や遺留分の割合を減少させる方便として、自身の妻、その子とその妻の三名について同時に養子縁組させたことが重視されており、また、後者（大阪高判平成21年）は、無効とされた縁組において養親とされていた者の身辺の世話をしていた近隣の知人の長女（当該知人本人ではない）を養子とする縁組であったところ、当該長女が養親とされていた者とおよそ接触する機会がなかったことが重視されているなど、いずれの裁判例も、縁組の届出がされるに至った経緯をふまえ縁組が無効と判断されていることに留意されるべきでしょう。

以上のとおり、今般のＢによる縁組の提案の妥当性については、単に相続分や遺留分を減らす目的での養子縁組であることから直ちに無効とされることはないとしても、周辺事情等によっては無効とされるおそれも否定できないことを前提に、慎重な検討が行われる必要があるといえます。

Q7 遺言と抵触行為による撤回

Xは、子どもはおらず、妻もすでに亡くなっていますが、亡妻の甥が、自分の面倒をよくみてくれており、自分が亡くなるまで面倒をみてくれるといっていることから、その甥と養子縁組をしており、その養子に全財産を包括遺贈したいとの希望であったため、そのような遺言を作成し、遺言信託を受託しました。

今般、Xの兄弟からX死亡の通知があり、兄弟の話によれば、遺言作成後、甥がXの財産の一部を勝手に処分してしまうなどの不義理があったため、離縁し、その後Xと甥との交流はなくなったとのことであり、兄弟は、遺言の無効を主張し、Xの兄弟がXの財産を相続すると主張していますが、この主張は正しいでしょうか。

1 遺言の撤回

遺言者は、いつでも、遺言の方式に従って、その遺言の全部または一部を撤回することができます（1022条）。遺言は、遺言者が単独で行うことができ、効力が生じるのは相続開始時であり、また、遺言者の最新の意思を尊重すべきであることから、遺言者による自由な撤回が認められています。一度遺言書を作成した場合でも、白紙にしたいときは、たとえば、「過去にした遺言はすべて撤回する」という遺言を作成すれば、これまでの遺言は撤回できるということです。

2 抵触行為による撤回

「撤回する」旨が遺言に明記されていなくても、後にした遺言の内容が、前にした遺言の内容と抵触する場合は、その抵触する部分については、前の遺言は撤回されたものとみなされます（1023条１項）。

さらに、遺言ではなくても、遺言の後に遺言者が行った生前処分その他の法律行為が遺言と抵触する場合も、その抵触する部分について遺言は撤回されたものとみなされます（同条２項）。

遺言者が遺言書を故意に破棄した場合や、遺贈の目的物を破棄した場合も、遺言は撤回されたものとみなされます（1024条）。

また、一度撤回された遺言は、その撤回行為が、錯誤、詐欺または強迫によるものである場合を除き、撤回行為が撤回され、取り消されまたは効力を生じなくなっても、効力は回復しません（1025条）。

3 抵触行為とは

「抵触する」とは、後の生前処分を実現しようとするときには前の遺言の執行が客観的に不可能となる場合だけではなく、諸般の事情を観察して後の生前処分が前の遺言と両立させない趣旨のもとになされたような場合も含むと考えられます。

したがって、遺言者による遺言後の生前処分その他の法律行為が、遺言の内容と明らかに矛盾する場合でなくても、遺言をした経緯や遺言者の意思、その後の遺言者の身分関係や財産状況または生活状況の変化等、生前処分その他の法律行為を行った経緯や遺言者の意思等を検討し、遺言と両立させない趣旨でなされたものかどうかを十分に検討する必要があります。

4 身分行為と遺言の撤回

「生前処分その他の法律行為」には、財産の譲渡（処分）が含まれることは争いないと思いますが、養子縁組や離縁などの身分行為が含まれるのか問題となります。

この点、身分行為も「法律行為」であり、また、遺言者の最終意思の尊重という趣旨からもこれを否定する理由はなく、身分行為も抵触行為になりうると考えられます。判例でも、終生の扶養を受けることを前提として養子縁組をしたうえ、その所有する不動産の大半をその養子に遺贈する旨の遺言をした者が、その後養子に対する不信の念を強くし、協議離縁をし、法律上も事実上も扶養を受けないこととした事案で、遺贈は撤回したとみなされると判断しているものがあります（最判昭和56年11月13日民集35巻 8 号1251頁）。

5 本件の留意点

本件では、Xとしては、亡妻の甥が、自分が亡くなるまで面倒をみてくれると考えて、養子縁組をしたうえで、全財産を包括遺贈する遺言をしたものの、甥の不義理があり、離縁をして養子縁組を解消し、その後Xと甥の交流はなくなったとのことであり、Xの面倒をみることもなかったということでしょうから、前記判例と同様に、遺言は撤回されたと考えるのが無難でしょう。

遺言執行引受予諾業務を受託している金融機関としては、遺言が撤回されていれば、遺言を執行する余地はないということになりますし、仮に、甥が、遺言が有効であることを前提に、執行するよう主張したとしても、法定相続人である兄弟と遺言の有効性について争いがあり、遺言執行業務を行うことは困難と考えられますので、遺言執行者への就職は辞退する方向で検討することになるでしょう。

6 新たな養子縁組と撤回

本件とは異なりますが、遺言後に新たに養子縁組をした場合に、養子縁組が遺言を撤回する抵触行為になるかという問題が生じる場合も考えられます。

たとえば、配偶者および子どものいないＡが、推定相続人である兄弟および甥姪に財産をそれぞれ相続させる遺言をした後、推定相続人の一人である甥と養子縁組をした場合、他の兄弟や甥姪に対する相続させる遺言は撤回したことになるのかという問題が生じえます。

遺言の内容が相続させる旨の特定財産承継遺言である場合、甥の一人と養子縁組をすることにより、他の兄弟甥姪は相続人ではなくなることから、そもそも、特定財産承継遺言はできないという問題もありますが、私見としては、そのような点から形式的に判断するのではなく、前記のとおり、遺言をした経緯や遺言者の意思、その後の遺言者の身分関係や財産状況または生活状況の変化等、生前処分その他の法律行為を行った経緯や遺言者の意思等を検討し、遺言と両立させない趣旨で養子縁組をしたのかどうかを慎重に検討すべきと考えます。

たとえば、Ａは事業を営んでいるところ、推定相続人の一人である甥Ｂが事業を手伝ってくれており、かつ、日常生活の面倒もみてくれていることから、事業はその甥Ｂに承継させたいと考えており、自宅不動産や事業用資産を含めて財産の大半は甥に相続させ、ただ、他の兄弟や甥姪にも日頃の感謝の気持ちで一定の金銭を相続させる旨の遺言をしたが、その後、甥Ｂと養子縁組をしたものの、特に他の兄弟や甥姪との関係も良好なままであり、Ａから遺言の内容を変更したいという意思が示されたことはなかったといった事情があれば、相続させる旨の遺言を遺贈と読み替えて、Ｂ以外の兄弟甥姪への遺贈も有効であると考える余地も十分にあるのではないかと思います。

Q8 後見人・破産管財人による契約の解約

当行が遺言執行引受予諾契約を締結している顧客に関して、今般、後見開始決定がされたとのことであり、後見人に就任した弁護士から連絡がありました。後見人によれば、遺言者は、当行と遺言執行引受予諾契約を締結して遺言を作成した後、新たに過去の遺言を撤回することを含む公正証書遺言を作成しているとのことであり、当行との遺言執行引受予諾契約を解約したいとの申出がありましたが、これに応じてもよろしいでしょうか。

また、遺言執行引受予諾契約を締結している顧客に関して、破産手続開始決定がされ、破産管財人の弁護士から解約の申出があった場合はどうでしょうか。

1 遺言執行引受予諾契約の解約について

遺言執行引受予諾契約は、遺言書作成の相談を受けて遺言書作成の補助を行い、遺言書作成後は、その保管を受けたうえ、相続発生時には遺言執行者に就職することを約しておくことなどを内容とする契約であり、契約のなかでは、遺言者側に中途解約を認める条項を定めておくことが一般的だと思います。

また、遺言執行者に就職してその業務を行うことを委任する点が最も重要な契約であると考えられるところ、委任契約は、契約当事者間の信頼関係が基礎にある契約であることから、民法上も委任者には中途解約権が認められていますし、特に遺言執行者の指定は、遺言という単独で行う身分行為でされるものであること等もふまえると、仮に契約上明示的に中途解約権が認められていなくとも、その契約の性質上、原則として、委任者には中途解約権が認められると考えられます。

本人または本人が任意に選任した任意代理人からの解約の申出であれば、これに応じて保管中の遺言書を返還することに特段問題ありません。

なお、遺言執行引受予諾契約が解約された場合に遺言の撤回・書換えがされていなくても、相続発生時には遺言執行者への就職を辞退すればよいので、特段の問題はないと思いますが、遺言書で遺言執行者に指定されていると、就職するか否かの意思表示を求められるなど、相続手続への一定の関与を求められる可能性もありますので、可能な限り、遺言執行者の指定については新たな遺言で撤回されていることを確認しておくのが望ましいと考えます。

2 後見人による解約の可否

遺言執行引受予諾契約を締結した後、遺言者に後見が開始する場合もありうるところ、後見人は、被後見人の財産を管理し、かつ、その財産に関する法律行為について被後見人を代表することとされており（859条1項）、後見人は被後見人の財産に関する代理権を有するため、遺言執行引受予諾契約を解約できるかが問題となります。

この点、遺言執行引受予諾契約は、遺言書の保管を受けて保管料の支払を受ける場合が一般的であり、かかる部分は寄託契約としての性質を有するものであり、財産に関する契約であるとも考えられること、金融機関が引き受ける遺言執行業務は財産に関するものであることなどを特に重視すると、後見人は遺言執行引受予諾契約を解約する権限を有するとも思われます。

しかし、前記のとおり、遺言執行引受予諾契約では、遺言執行業務の委任という点が最も重要な契約の要素であると考えられるところ、遺言は、単独で行われる身分行為であり、遺言者自身の実際の意思を特に尊重すべき要請が強いと考えられます。その遺言を実現するために必要な遺言執行者の指定に関しては、遺言における指定だけではなく、遺言執行業務を委任することを内容とする契約行為に関しても、委任契約が解約されると、遺言者が指定した遺言執行者による遺言執行が実現されなくなる可能性が高いため（金融機関においては、委任契約が解約された場合、遺言において遺言執行者に指定されていたとしても、就職を辞退するのが通常かと思います）、特に遺言者の実際の意思が尊重されるべきであり、遺言者の意思の介在しないところでの解約は認められるべきではないと考えます。

また、特に、推定相続人が後見人となっている場合、遺言者が作成している遺言書の内容をよく思っていないことから、後見人の権限を利用して遺言執行引受予諾契約を解約して遺言執行の実現を事実上困難にしてしまうおそれもないとはいえません。

そこで、私見としては、本人の意思による代理ではなく、法令に基づき代理権を有する法定代理人たる後見人による遺言執行引受予諾契約の解約は、原則として認められるべきではないと考えます。

もっとも、遺言者が後見開始となる前に、新たな遺言書を作成し、遺言執行引受予諾契約を締結して預託している遺言書が撤回されており、効力を生ずる余地がなくなっているような場合には、遺言執行引受予諾契約を締結している金融機関が遺言執行者となる余地がなくなっており、無効な遺言のために保管料を支払うのも合理的ではありません。

そこで、職業専門家である弁護士や司法書士が後見人であり、保管している遺言書よりも後に新たな公正証書遺言が作成されており、確実に保管している遺言書が撤回されていると判断できる等の場合には、例外的に、後見人による遺言執行引受予諾契約の解約に応じてもよいと考えます。

後見人によって遺言執行引受予諾契約が解約された場合には、保管している遺言書は、後見人に返還することになると考えます。

3 破産管財人による解約の可否

後見人のほかに、他人の財産に関して管理権限を有する場合として破産管財人があります。

金融機関と遺言執行引受予諾契約を締結して遺言書を作成する遺言者は相応の資産を保有しているのが通常ですが、その後の状況の変化等により、遺言者について破産手続が開始される場合もありえます。

破産手続が開始され、破産管財人が選任されると、破産財団に属する財産の管理および処分をする権利は、破産管財人に専属するため（破産法78条1項)、破産管財人が遺言執行引受予諾契約を解約できるかが問題となります。

この点、後見人の場合と同様に、遺言者の実際の意思を尊重すべきであって、破産管財人は法令に基づき財産の管理権限を有するものであり、遺言者の意思により権限が与えられているわけではないという点を重視すると、解約は認められないとも考えられます。

しかし、前記のとおり、遺言執行引受予諾契約では、遺言執行業を委任する委任契約としての性質が重要な要素と考えられるところ、委任契約では、委任者の破産開始手続開始決定は終了事由とされており（民法653条2号)、そもそも、遺言者について破産手続開始決定がされた場合には、当然に遺言執行引受予諾契約は終了すると考えられる可能性も十分にありえます（なお、民法上、委任者の後見開始は委任の終了事由になっておりません)。

また、破産手続が開始されると、破産者が有していた財産は、原則として破産財団に属することとなり、清算されて債権者の弁済に充てられ、財産状況は大きく変化します。破産によってそれ以前に作成された遺言が当然に無効となるものではありませんが、遺言者の通常の合理的意思として、それ以前に、財産を保有していた状況で作成した遺言書を有効にしておく意思があるとは思われず（破産後にあらためて財産を形成したとしても、以前の遺言書を有効にしておくのではなく、新たに相続の方法について決定したいと考えるのが遺言者の通常の意思ではないかと思います)、遺言執行引受予諾契約を有効に存続させておく実質的理由もなく、実質的に意味のない遺言書の保管のために保管料が発生するのは合理的ではないと考えられます。

そして、破産管財人は、破産財団の清算を行うべく、双方がその履行を完了していない双務契約について、解約する権限が認められていますので(破産法53条1項)、かかる権限に基づき、遺言執行引受予諾契約を解約できると考えます。

もっとも、破産の場合には、通常破産者本人に直接意向を確認することが可能です。実際に、破産管財人から解約の申出があった場合には、念のため本人の意向を確認したうえで解約手続を行い、遺言書の返還は原則として本人に対して行うのが望ましいでしょう。

4 本件の留意点

以上のとおり、後見人からの遺言執行引受予諾契約の解約の申出は、原則として謝絶すべきと考えますが、本件では、後見人が弁護士であり、新たに公正証書遺言が作成されており、それまでの遺言は撤回されていることが確認できますので、後見人からの申出により、解約に応じても問題ないと考えます。

また、破産管財人からの解約の申出については、これに応じて問題ないですが、念のため、破産者本人に意思確認を行ったうえ、遺言書は本人に返還すべきと考えます。

Q9 遺言執行業務の一般的な流れ

金融機関として、遺言執行業務を行うにあたり、一般的な遺言執行業務の流れや、注意すべき点等を教えてください。

1 遺言執行者就職前の業務

（1）相続開始の把握

遺言執行引受予諾契約を締結し、同契約のなかで遺言者死亡時の相続開始通知者（遺言者が死亡した時に、受託者に対し死亡の旨の通知を行うべき者）を定めていた場合、遺言者が亡くなると、当該相続開始通知者から連絡を受けて遺言者の死亡を把握することが一般的かと思います。また、金融機関であれば、遺言執行引受予諾業務以外にも遺言者との間で預貯金その他の取引関係があり、その関係で関係者から死亡の連絡を受けて遺言者が亡くなったことを把握する場合もあろうかと思います。

（2）遺言書の開示および手続の説明

遺言者の死亡を把握した場合、遺言執行引受予諾の受託者たる金融機関としては、遺言執行者に就職する前に、まずは法定相続人の調査を行い、法定相続人および受遺者がいる場合には受遺者に対して遺言の内容を開示して、その後の手続の流れを説明するのが一般的かと思います。

法定相続人は戸籍類を収集して確定します。戸籍類の収集と並行して、受託時に遺言者から提供を受けた情報・資料をふまえて、関係者（死亡の連絡をした親族など）の聞き取りをベースに順次法定相続人への接触を図ることも考えられますが、最終的には必要な戸籍類を収集して法定相続人の範囲を確定する必要があります。法定相続人でも受遺者でもない人に遺言の内容を開示してしまうことがないように注意が必要です。

（3）説明の具体的方法

法定相続人への遺言書の開示およびその後の手続の説明については、すべての相続人に対して同時に面談して行うのが最も理想的と考えます。

しかし、相続人間の関係性や居住地等によっては同席で話をすることが困難な場合もあるでしょうし、仕事が忙しく面談の時間をとれないなどの場合もあろうかと思いますので、状況に応じて、郵送にて書面での説明やそれに重ねて電話で説明するなどの対応も考えられます。相続人への説明は面談での説明を基本としつつ、遺言で受け取る遺産の有無および軽重や相続人同士の関係性等をふまえて、慎重に判断する必要があります。

（4）就職可否の検討

金融機関としては、相続人間に現に紛争が生じまたは生じる可能性が高いような場合や、関係者の総意で金融機関による遺言執行を希望しないとの意向が示されたような場合等、遺言執行者への就職を辞退する場合があると思いますので、相続人全員への遺言書の開示およびその後の手続の説明を行ったうえ、遺言どおりの相続を承認するかどうかの確認をし、遺言執行者への就職の可否を検討します。

2 遺言執行者への就職

遺言執行者へ就職した場合、直ちにその任務を開始しなければならず（1007条1項）、まずは、相続人に対して遺言執行者へ就職して任務を開始した旨を通知すべきであり、あわせて、遺言書の内容を開示する必要があります（同条2項）。遺言書の内容を開示すべき義務は、令和元年7月施行の改正相続法によって定められた義務ですが、前記のとおり、金融機関の場合には、遺言執行者への就職前に遺言書の開示を行うのが一般的かと思います。

3 財産調査

遺言執行者に就職したら、まずは、遺言執行の対象となる財産内容の調査を行います。

具体的には、通常遺言書作成時点で遺言者自身から財産内容を聴取していると思いますので、その内容をふまえ、相続人等からの聞き取り、相続人の協力を得たうえで遺言者の自宅の調査や貸金庫があれば貸金庫内の確認等を行い、財産の概要を調査します。遺言執行の対象となる財産としては、不動産、預貯金、株式、投資信託、債券等の金融資産、保険契約などが考えられますが、上記の調査をふまえ、正確な権利の有無・内容については、不動産であれば不動産登記事項証明書を取得するなどして確認します。また、預貯金であれば銀行に、株式、投資信託、債券等の金融資産であれば証券会社等の資産を預託している金融機関等に、それぞれ資産の有無や残高の確認を行います。保険契約は、被相続人以外の者が受取人として指定されている生命保険などであれば、当該受取人の固有の財産となるため、遺言執行の対象とはなりませんが、被相続人が受取人に指定されている年金保険などであれば、遺言の内容に応じて遺言執行の対象となりえます。株式に関しては、非上場株式の場合は、発行会社（証券代行業務を信託銀行等に委託している場合には当該証券代行機関）に確認します。また、上場株式に関しては、証券会社に預託しているほか、さまざまな事情により、信託銀行等の特別口座に株式を保有している場合もありますので、注意が必要です。

4 財産目録の交付

遺言執行の対象となる財産の内容を把握したら、財産目録を作成して相続人に交付する必要があります（1011条1項）。また、財産目録を作成するにあたり、相続人の請求があるときは、当該相続人の立会いをもって財産目録を作成し、または、公証人に財産目録を作成させる必要があります。財産目録の作成にあたり、預貯金その他の金融資産の具体的な残高まで記載することは必須ではないと一般的に考えられていますが、具体的な残高まで記載するのが望ましいでしょう。

特定受遺者は、遺贈の対象となっている特定の財産を取得するだけであるため、それ以外の財産を含む遺言執行対象財産全体の財産目録を交付する必要はないでしょう。むしろ、自らが取得する財産ではない財産についてはなんら権利関係を有さない特定受遺者に対して財産の内容を明らかにすべきではなく、金融機関が遺言執行者となっている場合には、守秘義務違反となる可能性も否定はできませんので、財産目録の交付はすべきではないと考えます。

他方で、包括受遺者は、遺産全体の全部または一定割合を遺贈により取得する地位を有しますし、相続人と同一の権利義務を有することとされていますので（990条）、財産目録を交付する必要があると考えられます。

5 執　　行

相続人に財産目録を交付したら、遺言の内容を実現するため、具体的な執行を行います。

具体的には、たとえば、不動産であれば、対抗要件を具備すべく所有権移転登記手続を行い、引渡しを行います。預貯金であれば、払戻しを受けて金銭を交付し、その他の金融資産は、遺言の内容またはその内容を前提とした承継者の意向をふまえて、名義変更または換金して金銭の交付を行います。

なお、特定財産承継遺言（相続させる遺言）については、令和元年７月施行の改正相続法によって、対抗要件を具備するために必要な行為も、遺言執行者の権限であることが明確化されました。それまでは、不動産の所有権移転登記については、遺言執行者による執行の余地はないと解されていましたが、現行法下においては遺言執行者の権限で行う必要があることに注意が必要です。

また、預貯金等ではない、貸金債権等の一般的な金銭債権については、対抗要件を具備させるべく、債務者に対する確定日付のある証書による通知を行いまたは承諾を得る必要がありますが、債権の回収行為まで行うことは原則として遺言執行者の業務ではないと考えます。

6 顛末の報告

具体的な執行がすべて完了したら、相続人に対して、遅滞なくその経過および結果を報告する必要があります（1012条３項、645条）。なお、遺言執行業務が完了する前でも、相続人から報告を求められた場合には、遺言執行業務の処理状況を報告する必要があります。

遺言執行業務完了後の報告を顛末報告などと呼びます。顛末報告については、相続人の承認を得ることは必須ではありませんが、金融機関が遺言執行業務を行う場合、相続人から承認を得ることを原則的なルールとしている金融機関もあると思いますし、紛争を未然に防止するという観点から、承認を得ておくのが望ましいといえるでしょう。

7 報酬および費用の受領

遺言執行者は、相続財産に対して遺言執行報酬および執行のために必要な諸費用を請求することができます。

遺言執行報酬については、家庭裁判所に請求して金額を決定してもらうのが原則ですが、遺言者が遺言で決めておくこともできるため、金融機関が遺言執行引受予諾業務を受託するときは、あらかじめ遺言者と報酬額ならびに遺言執行報酬および諸費用の負担者について合意し、遺言書に定めておくのが通常だと思います。

遺言執行業務が完了したら、遺言書に従い、負担者として指定されている者に対して、遺言執行報酬および諸費用を請求します。実務上は、負担者に対して交付する金銭から控除する方法で支払を受けることが多いのではないかと思います。負担者が取得する財産に、遺言執行報酬および諸費用に相当

1 就職前

- ❶ 遺言者の死亡を把握する
- ❷ 法定相続人の調査
- ❸ 法定相続人および受遺者に遺言の内容を開示
- ❹ 遺言執行者への就職可否を検討

2 就職後

- ❶ 相続人等に対する任務開始の通知
- ❷ 財産調査
- ❸ 財産目録の作成および交付

3 執　行

図表３－３　遺言執行業務の一般的な流れ　　出所：筆者作成

する金銭が含まれていない場合、回収リスクを負うことになるため、金融機関としては、できる限り、遺言者との間では、一定の金銭を取得する者を遺言執行報酬および諸費用の負担者とすることを合意しておくのが望ましいでしょう。

Q10 遺言の解釈に不明な点がある場合

遺言執行引受予諾業務や遺言執行履行補助業務では、個別の案件ごとに、そもそも遺言書に記載された内容をどのような趣旨の遺言と解釈すべきか判断に迷う場合があります。そのような場合、遺言執行者としては、どのような対応をとるのが望ましいでしょうか。

1 遺言の解釈一般

最高裁は、遺言の解釈にあたっては、遺言書の文言を形式的に判断するだけではなく、遺言者の真意を探究すべきものであり、遺言書が多数の条項からなる場合にそのうちの特定の条項を解釈するにあたっても、単に遺言書のなかから当該条項のみをほかから切り離して抽出しその文言を形式的に解釈するだけでは十分ではなく、遺言書の全記載との関連、遺言書作成当時の事情および遺言者の置かれていた状況などを考慮して遺言者の真意を探究し、当該条項の趣旨を確定すべきとしています（最判昭和58年３月18日家月36巻３号143頁）。

他方で、遺言書の記載自体から遺言者の意思が合理的に解釈しうる場合には、遺言書に表れていない事情をもって、遺言の意思解釈の根拠とすることは許されないとも判断しています（最判平成13年３月13日家月53巻９号34頁）。

これらの最高裁の判断をふまえると、まずは、遺言書の記載から遺言者の意思を合理的に解釈し、それがむずかしい場合には、遺言書の全記載や遺言書作成当時の事情等を考慮して、遺言者の真意を探求すべきということになると考えられます（なお、遺言の解釈一般については、本章Ｑ１も参照）。

2 遺言の解釈に争いがある場合

遺言の解釈について関係者間に争いがある場合、最終的には、法的手続により、裁判所に判断してもらうことになります。

しかし、遺言執行者がいる場合、遺言執行者は、遺言の内容を実現するために遺言の執行に必要ないっさいの権利義務を有し（1012条１項）、相続人は相続財産の処分その他遺言の執行を妨げるべき行為は禁止されますので（1013条１項）、一義的には、遺言執行者において、適切に遺言を実現すべく、善良なる管理者の注意義務をもって、遺言の解釈について判断すべきことになります。

すなわち、前記のとおり、まずは遺言書の記載から遺言者の意思を合理的に解釈することを試みます。

それで判断がむずかしい場合には、遺言書作成当時の事情や遺言者の置かれた状況なども考慮して遺言者の真意を探求する必要があります。遺言書作成に関与していれば、その際の記録等を確認して当時の状況を確認する必要がありますし、相続人その他の関係者に対して聞き取りを行い、遺言書作成時の状況等を確認すべきであると思います。遺言書作成後の事情は、前記最判昭和58年３月18日では遺言の解釈にあたり考慮すべき事情として直接あげられていませんが、遺言書作成後の状況も遺言者の意思を推測する材料となる事情がある場合もありえますし、大きな事情の変化等（特に遺言者が遺言と矛盾する行為を行っているような場合）がある場合には遺言の撤回の有無を検討すべき場合もありますので、状況に応じて積極的に相続人その他の関係者への確認を行うのが望ましいと考えます。これらで把握した事情等もふまえ、場合によっては弁護士等の専門家にも相談のうえ、遺言の趣旨について判断し、遺言執行を進めていくことなります。

遺言書の解釈について疑義がある場合、遺言執行者がその趣旨を判断して遺言執行を進めていくべきですが、遺言によって財産の帰属が決まるなどし、直接影響を受けるのは相続人や受遺者ですから、遺言を解釈するにあたっては、相続人等に意見があれば、その内容も聴いたうえで判断する必要があるでしょうし、相続人や受遺者に対して十分に説明し、理解を得るべきでしょう。なお、疑義のある遺言の内容が、受遺者に無関係である場合には、受遺者に対してその点の理解を得る必要はないと思いますが、特定の相続人や受遺者にだけ影響のある条項であっても、原則として相続人については全員の理解を得るのが望ましいと考えます。

3 相続人等と意見の相違がある場合

遺言の解釈について疑義がある場合、前記のとおり、遺言執行者において解釈について判断し、それに従って遺言執行を進めるのが原則ですが、相続人や受遺者においても遺言の解釈について具体的な意見があり、遺言執行者の見解と相違する場合もありえます。そのような場合であっても、まずは、遺言執行者の見解およびその理由を丁寧に説明し、相続人等の理解を得たうえで遺言執行を進めるべきと考えます。

相続人や受遺者の理解が得られない場合において、相続人間では意見が一致している場合には、当該相続人間で一致している見解に従って遺言執行を進めることができるかが問題となります。

この点、第２章Ｑ９において解説したとおり、相続人間で合意することにより、遺言の内容と異なる遺産分割協議をすることも可能であり、私見としては、遺言執行者としてそれに同意することも広い裁量が認められるべきと考えますので、遺言の解釈について見解の相違がある場合についても、相続人間で合意が得られている見解に従って遺言を解釈し、遺言を執行することも可能と考えます（なお、受遺者に影響のある事項の解釈について疑義がある場合には、受遺者の同意も得るべきですが、受遺者に影響がない場合は受遺者の同意は不要と考えます。他方で、一部の相続人や受遺者にしか影響のない事項であっても、相続人については全員の同意を得るべきと考えます)。

なお、相続人間で一致している意見が、遺言書の記載と乖離しているなど、遺言の解釈の範疇を超えると考えられるような場合には、あくまでも、遺言と異なる遺産分割協議と理解したうえで、手続を進めるのが望ましいと思います。

相続人のなかに遺言執行者と異なる見解を主張する者がおり、相続人間でも意見が一致しない場合には、訴訟等の法的手続により、裁判所の判断を仰ぐ必要があろうかと思います。

ただし、念のため付言すると、遺言の解釈についてもそもそも疑義を生じる余地がないにもかかわらず、自らが取得する財産が少ないなどの理由で遺言の解釈について言いがかり的に不合理な見解を主張する相続人がいる場合については、まずは、遺言の解釈について相続人等の理解を得る努力はすべきですが、最終的に納得しない場合であっても、遺言執行者の判断する解釈に従って遺言執行を進めるべきです。

4 そもそも遺言の解釈を確定することが困難な場合

遺言の解釈について疑義があり、遺言執行者において遺言作成時の状況の確認や相続人等への聞き取り等を行って検討しても、遺言の解釈を確定できない場合もありえ、この場合には、遺言執行を進めることが困難となります。

この場合、相続人間(受遺者に関係する条項の場合は受遺者も含む)で遺言の解釈について意見が一致する場合、前記同様、原則として、当該相続人で一致した意見に従って遺言を解釈し、遺言執行を進めることで問題ないと考えます。

他方で、相続人間で意見が一致しない場合には、訴訟等の法的手続により、裁判所の判断を仰ぐ必要があろうかと思います。

5 本件の留意点

以上のとおり、遺言の解釈について疑義がある場合には、まずは、遺言執行者において、遺言作成時の状況の確認や相続人等の関係者からの聞き取りを行い、相続人の意見も確認したうえで遺言の趣旨について判断し、相続人等の理解を得て遺言執行を進めるべきと考えられます。

遺言執行者の見解と相続人の見解が相違する場合や、そもそも遺言執行者において遺言の解釈を確定できない場合は、相続人間で意見が一致する場合には、その内容に従って遺言執行（場合によっては、遺言と異なる遺産分割を前提とした遺産整理業務として受任）を進めることも可能と考えられますが、他方で、相続人間でも意見が一致しない場合には、訴訟等の法的手続で裁判所の判断を仰ぐ必要があります。

翻って、遺言執行引受予諾業務において実際に遺言執行者に就職する際や、遺言執行履行補助業務を受託するにあたっては、就職する前に、遺言の解釈に疑義が生じる余地がないか、もしある場合には、相続人全員の理解が得られるか、少なくとも相続人全員の意見が一致するかを見極めて、相続人全員の理解が得られないなど遺言執行が困難となるおそれがある場合には、そもそも就職の辞退（遺言執行履行補助業務の依頼であれば受託の謝絶）を検討すべき場合もあろうかと思います。

Q11 遺言書の開示の要否

遺言執行引受予諾業務を受託している顧客が先日亡くなり、相続開始通知者に指定されている相続人から相続開始の連絡がありました。本件遺言では、複数いる相続人へ相続させる遺言のほか、第三者への特定遺贈もされています。当該相続人によれば、相続人間で、遺言の有効性や解釈、相続財産の範囲等をめぐってすでに紛争状態となっているとのことであり、遺言執行について相続人の協力を得ることもむずかしいと考えられることから、就職辞退を検討しております。

しかるところ、当該相続人からは、他の相続人や受遺者に対しては、遺言書を開示したり、その内容を伝えることはやめてもらいたいとの希望が出されているのですが、これに応じても問題ないでしょうか。

1 遺言執行者の遺言書の開示義務

遺言執行者は、その任務を開始したときは、遅滞なく、遺言の内容を相続人に通知しなければなりません（1007条２項）。遺言書そのもの（あるいはその写し）を開示ないし交付すべきとなっているわけではありませんが、遺言の内容をもれなく確実に通知するためには、遺言書の写しを交付すべきと考えられますし、遺言書の写しを交付するのが通常だと思います。

相続人は、遺言の内容について重大な利害関係を有するにもかかわらず、令和元年７月施行の相続法改正前の民法では、遺言執行者が就職したことや遺言内容を通知する義務に関する規定がなかったため、相続人にこれらの情報を知る手段を確保する観点から、同改正によって新たに設けられました。

もっとも、相続法改正前においても、遺言執行者としては、明文の規定がなくても、遺言執行者に就職した場合には、すみやかにその旨および遺言の内容を開示すべきであると考えられますし、実際に、少なくとも弁護士や金融機関等が遺言執行者に就職した場合は、遺言書の写しを添付してその旨通知するのが通常であると思います。

受遺者がいる場合は、受遺者に対しても遺言の内容を通知すべきと考えます。すなわち、包括受遺者の場合は、相続人と同一の権利義務を有することから（990条）、相続人と同様に考えるべきと思いますし、特定受遺者についても、自ら受遺者として取得する根拠となるものですから、その内容を知る機会は確保されるべきと考えられます。

なお、特定受遺者に対して遺言書の写しを交付するにあたっては、金融機関としては、その業務の遂行にあたっては一般的に守秘義務を負うと考えられることから、当該特定受遺者への特定遺贈に関する事項以外の事項については、特定受遺者には無関係であり、相続人に対する守秘義務の観点を考慮して、当該特定遺贈に関する事項だけに限定して（他の部分は黒塗りするなどして）開示する対応をしている金融機関もあろうかと思います。

この点については、私見としては、たしかに、特定受遺者としては、自分への特定遺贈に関する事項以外の事項については、なんら権利を有するものではなく、原則としてその内容を知る必要はないと考えられますので、そのような金融機関の対応に問題はないと考えます。他方で、遺言者としては、一つの遺言書において特定遺贈も行う以上は、当該受遺者に対して遺言の内容が開示されることは承知していると考えられますし、特に公正証書遺言であれば、特定受遺者も公証役場への請求により遺言書の写しの交付を受けることもできますので、特に一部に限定することなく、遺言書そのものの写しを開示したとしても、直ちに相続人との関係で守秘義務違反となるものではないと考えます。

2 遺言執行者への就職を辞退する場合の開示義務について（民法上の原則）

遺言において遺言執行者に指定されていたとしても、民法上、就職しなければならない義務を負うわけではなく、就職するかどうかはその者の任意の判断に委ねられます。そして、遺言執行者に指定されている者について、就職前になんらかの義務を負う規定は存在せず、遺言の内容を通知することも含めてなんらかの義務を負うものではありません。遺言執行者に就職することによって、遺言執行者としての義務を負うことになるものであり、就職する意思がない場合に、積極的に就職しない（辞退する）ということを相続人に対して通知しなければならないわけでもないと考えられます。

ただし、遺言執行者に指定されている者が就職するのかどうかわからない状況であると、相続人や受遺者としては、自らがとるべき行動も判断できないため、相続人その他の利害関係人は、遺言執行者に対して、相当の期間を定めて、その期間内に就職を承諾するかどうかを確答すべき旨の催告をすることができ、遺言執行者に指定された者が、その期間内に相続人に対して確答しないときは、就職を承諾したものとみなされるため（1008条）、就職する意思がない場合、当該催告がされたときは辞退する旨回答する必要がありますので、その点は注意が必要です。

3 遺言執行者の就職を辞退する場合の開示義務について（契約責任）

民法上の原則は前記第２項のとおりですが、遺言執行引受予諾業務においては、遺言者との契約があるため、当該契約に基づく義務として、遺言執行者への就職を辞退する場合であっても、相続人に対する遺言の内容の開示義務を負うかが問題となります。

この点、遺言者との契約において、遺言執行者に就職しない場合であっても、相続人全員に対して、辞退の通知とともに遺言の内容を開示する旨が明確に定められているのであれば、当然かかる義務を負うことになると考えられます。

また、契約上明確な定めがなくても、遺言執行引受予諾契約を締結する際に、業務の流れとして、相続発生時には、遺言執行者に就職するかどうかの判断の前に相続人や受遺者に対して遺言書の開示を行うことを前提とした説明をし、パンフレット等にそのような記載をしており、または、実際に通常はそのような対応をしている実務があるといった事情があれば、遺言執行引受予諾業務には、金融機関側の義務として、遺言執行者に就職するかどうかにかかわらず相続人および受遺者に対する遺言書の開示を行うことが業務に含まれているとも考えられます。契約上遺言書の開示自体の義務は定められていなくても、就職を辞退する場合には辞退する旨の通知は相続人全員に行うことが定められているのであれば、遺言執行者への就職の辞退ということは遺言の存在を前提としていることから、辞退の通知には遺言書の開示を行う旨の趣旨も含まれていると考える余地もあるように思われます。

そもそも、遺言者としては、遺言を作成してその遺言執行業務を金融機関に依頼する以上は、当然、実際に金融機関が遺言執行者に就職するかどうかにかかわらず、遺言の内容がそのとおり実現されることを望んでいるものであり、すなわち、原則として遺言の内容が相続人全員および受遺者に知れわたることを期待していると考えられます。また、相続人の場合、公正証書遺言であれば、公証役場への請求により遺言の有無を検索し、その開示を求めることはできるものの、その考えに至るとは限りませんし、遺言者との実際の関係性によっては相続開始を知らない場合もありえます。受遺者については、もともと自分が受遺者に指定されている遺言書の存在を知らされているなどの事情がなければ、自分が受遺者になっているなどと考えることも通常はないのであり、遺言で指定された金融機関が遺言執行者に就職して遺言執行がなされないのであれば、遺言の存在を知る機会を確保すべき要請も強いと考えられます。

以上のような点をふまえると、金融機関の行う遺言執行引受予諾業務においては、遺言者との契約において、明確に遺言執行者の就職を辞退する場合には、相続人や受遺者への遺言書開示は行わないことを定めているなどの特段の事情のない限りは、就職を辞退する場合においても、相続人全員および受遺者に対しては遺言書の開示を行うべきと考えます。

仮に､遺言書の開示を希望しない一部の相続人の希望の内容等をふまえて、遺言書の開示を行わない方向での対応を検討するとしても、少なくとも相続人全員および受遺者において遺言の存在自体を知る機会は確保すべく（そうすれば、公証役場への請求で遺言の内容を把握することができるため)、遺言書の写しを交付するなど内容を開示することはしないとしても、遺言の存在自体は通知すべきと考えます。

4 本件の留意点

以上のとおり、遺言執行引受予諾業務を受託している金融機関としては、遺言執行者への就職を辞退する場合であっても、特段の事情のない限り、相続人全員および受遺者に対して遺言書の開示は行うべきと考えますので、本件の相続人からの要望は謝絶すべきと考えます。

仮に、当該相続人が遺言の開示を希望しない理由を確認のうえ、その希望に応じるべきなんらかのやむをえない事情があるとしても、遺言の存在自体は相続人全員および受遺者に対して通知すべきと考えます。

Q12 預貯金通帳の開示等

遺言執行引受予諾業務を受託している顧客が亡くなり、当行は遺言執行者に就職しました。相続人のうちの一人が遺言者と亡くなるまで同居していたため、同人が財産に関する資料を管理しており、当行の遺言執行の対象となっている金融資産に含まれる預貯金の通帳等も保管しています。同人は預貯金の通帳を当行に交付することに難色を示しているのですが、交付を求めるべきでしょうか。

また、他の相続人からは、遺言者の預貯金の通帳の写しを交付するよう求められており、一方で、通帳を保管している相続人からは、他の相続人への通帳の写しの交付を拒絶するよう求められているのですが、これに応じる必要はありますか。

1 遺言執行業務における預貯金の管理

遺言執行者は、遺言の内容を実現するため、相続財産の管理その他遺言の執行に必要ないっさいの行為をする権利義務を有することとされており(1012条1項)、執行の対象となる財産を適切に管理・保管し、遺言の内容を実現していく必要があります。

相続財産には預貯金が含まれているのが通常だと思いますが、具体的にどのような預貯金を有しているかについては、遺言書の記載、遺言書作成時に聴取した内容、相続人その他の関係者からの聴取のほか、遺言者の家財道具等に含まれている預貯金の通帳やキャッシュカード等の内容等から探索します。通帳に記録された預貯金の異動から、他の預貯金その他の金融資産等の存在が判明することもありうると思いますので、預貯金の通帳がある場合には、その内容も確認する必要があります。

また、預貯金の相続手続を行う際には、金融機関に通帳を提出して行うのが通常だと思いますので、その点から、遺言執行者としては、通帳がある以上は、その原本を保管しておく必要があると思います。

さらに、相続人は、相続財産の処分その他遺言の執行を妨げるべき行為をできなくなりますので（1013条１項）、預貯金の通帳、キャッシュカード、届出印等がある場合には、遺言執行者としては、相続人等によって、それらを利用して遺言執行の妨げとなるような預貯金の処分等がされることがないように、これらのものを管理する必要があると考えられます。なお、この観点からは、遺言執行者としては、原則として、すみやかに、金融機関に連絡をして、相続が発生していることや遺言執行者が就職していることから相続人が払戻しその他の処分等を行うことができないことを通知しておくのが望ましいと考えます。

以上のような点から、遺言者の家財道具等や相続人が保管している遺言者の財産のなかに、預貯金の通帳等がある場合には、すみやかに原本を預かるべきであり、これに難色を示す相続人がいる場合には、上記のような理由を十分に説明して理解を得る必要があると思います。

2 遺言執行者の報告義務

遺言執行者は、相続人から請求があるときは、いつでも遺言執行業務の処理の状況を報告する必要があります（1012条３項、645条）。

遺言執行の対象になっている預貯金その他の相続財産の調査の状況や結果は、遺言執行業務の処理の状況に含まれる事項だと考えられ、その過程で保管している預貯金の通帳があれば、その内容については、上記報告義務の一環として、相続人の求めに応じて、その内容を開示すべきと考えます。

相続人間における感情的な対立や、遺言者と同居していなかった相続人が、同居していた相続人による遺言者の財産の私的費消や、遺言者の同居する相続人への生前贈与、同居していた相続人による財産隠し等を疑って、預貯金通帳の開示を求め、同居していた相続人がこれを拒絶するよう求めるといった事態が生じることがありえます。預貯金通帳の開示を求める目的はともかく、相続財産の内容について意見等のある相続人がいる場合には、通常は、遺言執行者の保有する相続財産に関する資料・情報を提供して、相続人の意見を確認することが、正確な相続財産の把握につながると考えられますし、前記のとおり遺言執行者には報告義務があることから、預貯金通帳の開示請求には応じる必要があると考えます。預貯金通帳の開示を求めている相続人が、遺言において当該預貯金をいっさい取得することになっていない場合でも、遺言執行者の上記報告義務は、遺言執行業務全般について相続人全員に対して負うものと考えられ、当該相続人が遺言で取得する財産に関してのみ負うものではないと考えられますので、同様であると考えます。

3 金融機関に対する取引履歴の開示請求

なお、被相続人の預貯金の取引経過については、各相続人が単独で金融機関に対して開示請求ができると考えられます（最判平成21年１月22日民集63巻１号228頁）。同最判は、遺言がない事例に関する判断であり、遺言でその取得者が決められている場合には、取得しない相続人が単独で取引履歴の開示を求められるかは見解の分かれうるところだと思います。私見としては、取引履歴の開示は、預貯金契約の地位を相続したことにより請求できるものであると考えられるところ、遺言で預貯金を遺贈したり、特定の相続人に相続させるとしていたとしても、預貯金契約の地位そのものを受遺者や特定の相続人に相続させる意図は通常ないと考えられること、受遺者や遺言で相続させるとされた相続人のみが取引履歴の開示を求められる場合があるとすると、金融機関がその判断を求められることになり、不合理な負担を強いることなること等から、相続人である以上は、遺言で当該預貯金を取得しない場合であっても、単独で金融機関に対して取引履歴の開示を求めることができると考えます。

各相続人は単独で金融機関に取引履歴の開示を求めることができるとしても、遺言執行者が通帳を保管しており取引履歴がわかるのであれば、わざわざ金融機関に別途取引履歴の開示を求めるのは迂遠ですし、これによって遺言執行者の報告義務を免れるものではないと考えられ、むしろ、各相続人が金融機関に求めて預貯金の異動状況を把握することができるのであるから、一部の相続人のみしか預貯金通帳の内容を把握できないのは不合理です。その点からも、相続人からの預貯金通帳の開示の求めがあった場合には、これに応じる必要があると考えます。

4 本件の留意点

以上のとおり、遺言執行者としては、預貯金の通帳等がある場合には、その原本を保管・管理すべきであり、保有している相続人に対して交付を求めるべきであり、これに難色を示している場合には、その理由を丁寧に説明して理解を得て交付を受けるべきと考えます。

また、他の相続人から、通帳の写しの交付を求められた場合、もともと通帳を保管していた相続人がその拒絶を求めていたとしても、通帳の写しの交付には応じるべきと考えます。

Q13 預貯金でない金銭債権の執行

当行が遺言執行者として指定された被相続人Ａの遺言には、子であるＢに対し、Ｘに対する2,400万円の貸金債権を相続させる旨の条項が設けられています。なお、Ａの相続人は、Ｂを含む子三名です。

Ａの遺言に基づき、ＢがＸに対し貸金債務の履行を求めるために、執行者としてなすべきことにはどのようなことがあるでしょうか。

1 金銭債権の共同相続

共同相続の場合において、相続財産に金銭その他の可分債権（427条）が含まれる場合、その債権は遺産分割の手続を待つことなく法律上当然に分割され、各共同相続人がその相続分に応じて権利を承継します（最判昭和29年4月8日民集8巻4号819頁）。

貸金債権、損害賠償請求権、不動産の賃料債権（最判平成17年9月8日民集59巻7号1931頁）などについては以上の規律が妥当し、これらの共同相続の場面では、各共同相続人は、遺産分割の手続を待つことなく、それぞれの相続分に応じた額の債権を取得します。

他方、預貯金債権（最大決平成28年12月19日民集70巻8号2121頁、最判平成29年4月6日裁判集民255号129頁）や委託者指図型投資信託の受益権（最判平成26年2月25日民集68巻2号173頁）、投資信託の受益権につき、相続開始後に元本償還金または収益分配金が発生し、それが預り金として被相続人名義の口座に入金された場合の預り金の返還請求権（最判平成26年12月12日裁判集民248号155頁）は、いずれも相続により相続分に応じて共同相続人間で当然に分割されることはなく、遺産分割等の手続によりその帰属が決せられる必要があります。株式についても同様に解されます（以上、第２章Ｑ３参照）。

2 相続による債権の承継と対抗要件具備

前項のとおり、可分債権の相続の場合、その債権は遺産分割の手続を待つことなく法律上当然に分割され、各共同相続人がその相続分に応じて権利を承継するのが原則ですが、この場合でも、法定相続分と異なる相続分の指定（902条）がある場合には、当該指定相続分に従い分割されると解されます。また、金銭債権を対象とする相続させる遺言（特定財産承継遺言）において法定相続分と異なる相続分の指定を伴う場合にも、当該指定相続分に従い債権が承継されることになります。

平成30年法律第72号による民法改正（相続法改正）により新設された899条の２は、相続による権利の承継について、遺産分割によるものかどうかにかかわらず、法定相続分を超える部分については対抗要件を備えなければ第三者に対抗できない旨を規定しています（第２章Ｑ12参照）。この規定は、相続分の指定を伴う相続させる遺言（特定財産承継遺言）の場合にも適用があり、法定相続分を超える部分については対抗要件を備えなければ第三者に対抗できないため、この場合、対抗要件を備えるための必要な行為も遺言執行者としての業務に含まれることになります（1014条２項）。

3 債権の承継の場合の対抗要件具備の方法

債権の承継の場合、債務者に対する通知または債務者の承諾が、債務者との関係での対抗要件【債務者対抗要件】で、確定日付のある債務者に対する通知または債務者の承諾が、債務者以外の第三者に対する対抗要件【第三者対抗要件】となります。

前記のとおり、相続させる遺言（特定財産承継遺言）の場合、遺言執行者は899条の２第１項に規定される対抗要件を備えるために必要な行為をすることができ（1014条２項）、また、遺贈の場合も同様と考えられます（1012条２項）。そのため、遺言執行者がある場合には、対抗要件を備えるために必要な行為は遺言執行者が単独で行うことができますが、では、遺言執行者がない場合はどうでしょうか。この場合、特定遺贈に関する事例ですが、債務者に対する通知は遺贈義務者からすべきとする判例（最判昭和49年４月26日民集28巻３号540頁）があり、ここでいう遺贈義務者とは、相続人が複数ある場合はすべての相続人を意味しますので、相続人全員による通知が必要ということになります。しかし、相続人間で紛争や対立がある場合は、すべての相続人による通知の実現が困難な場合も想定され、不都合が生じることから、相続法改正により、法定相続分を超えて債権を承継した相続人が当該債権に係る遺言の内容または遺産分割の内容を明らかにして通知をした場合には、相続人全員が通知をしたものとみなされる旨の規定が設けられています（899条の２第２項）（第２章Q12参照）。遺言の内容または遺産分割の内容を「明らか」にする具体的な方法は明文化されていませんが、遺言や遺産分割協議書（裁判になった場合は調停調書、審判書）の原本を提示し、債務者の求めに応じてその写しを交付する等の方法が想定されています。

4 本件の留意点

ＡのＸに対する貸金債権2,400万円に関し、Ｂの法定相続分（３分の１）を乗じた額は800万円ですので、相続分の指定によりＢが取得するＸに対する貸金債権は法定相続分を超える部分を含むものです。したがって、この債権の承継については対抗要件が備えられる必要があり、遺言執行者として、債務者Ｘに対する通知を行うか、あるいはＸからの承諾を得ることになります。前記のとおり、第三者対抗要件を備えるためには確定日付のある証書による必要がありますが、確定日付のある証書とは、内容証明郵便や公証役場において取得する確定日付を備えた書面等を意味します（民法施行法5条）。

なお、以上の対抗要件具備に関する業務に加え、遺言執行者が当該債権の取立て（回収）を行うべきか否かについては、消極的に解する（遺言執行者は原則として債権を取り立てる義務を負わない）のが一般的な理解と思われます。

Q14 賃借権の遺贈

当行が遺言執行履行補助業務の受託を検討している被相続人Ａの遺言には、Ａが居住していた借地上の建物（土地の所有者はＸ）をＡの甥であるＤに遺贈する旨の条項が設けられています。なお、Ａの相続人には子であるＢ、Ｃがあり、この建物の他の財産については、おおむね２分の１の割合によりＢ、Ｃに相続させる内容となっています。

以上のＤへの借地上の建物の遺贈について、遺言執行者としてなすべき業務はどのようなものになるでしょうか。

1 借地権付建物の特定遺贈

本件のように借地上の建物が遺贈の対象とされている場合、まず、遺贈の対象は建物のみでなく借地権も遺贈の対象とされていると理解されるのが一般的と考えられます（そのように考えないと、建物の受遺者は権原なく土地を占有することになりますが、遺言者の通常の意思はそうでないと考えられます）。また、建物の所有権移転に伴い、従たる権利である借地権もともに移転する（87条）と考えることもできるでしょう。

このように、借地権も遺贈の対象とされていると考える場合、遺言執行者としては、まず、借地権の目的である土地の範囲や権利内容を確定する必要があります。具体的には、登記事項証明書、賃貸借契約書等の書類の確認や、賃貸人、相続人、受遺者等からの事情聴取等の方法による調査が必要になるでしょう。

そのうえで、次項で述べる借地権譲渡についての承諾を得る必要がある場合（借地権が賃借権である場合。なお、借地借家法上の「借地権」は「建物の所有を目的とする地上権又は土地の賃借権」と定義されており（同法２条１号）、もし、借地権が地上権である場合は譲渡について承諾は不要です）は、その手続を進めることになります。

2 借地権の譲渡についての承諾

借地権が賃借権である場合、遺言執行者は、賃貸人から借地権の譲渡について承諾を得る必要があるのが原則です（612条１項）。

なお、いわゆる相続させる遺言（特定財産承継遺言）の場合を含む相続人への相続の場合は、賃貸人の承諾は不要です。また、遺産分割による借地権の移転の場合に、賃貸人の無断譲渡を理由とする解除が認められない（最判昭和29年10月７日民集８巻10号1816頁）ことからすれば、受遺者が相続人である場合も、賃貸人の承諾は不要と解してよいと考えられます。相続人でない者への特定遺贈の場合に、賃貸人の承諾が必要であることは明らかですが、相続人でない者への包括遺贈の場合をどのように考えるかは問題です。包括受遺者は、相続人と同一の権利を有する（990条）ことから、以上の相続の場合と同様、賃貸人の承諾を不要と考えることもできそうですが、包括遺贈の場合は、特定遺贈の場合と同様、賃貸人の承諾を必要とする見解が有力であるようです。現に、次項で述べる借地権譲渡の承諾にかわる許可の裁判（借地非訟）の事案で、包括遺贈の事例であっても譲渡の許可をした事例も存在するようであり、包括遺贈についても賃貸人の承諾は必要と考えるのが穏当であるように思います（ただし、次項で述べるように、包括遺贈であることが考慮される結果、譲渡承諾料の額が低い水準にとどまるということはありそうです）。

3 借地権譲渡の承諾にかわる許可

賃貸人からの承諾が得られない場合は、裁判所に対し、借地権譲渡の承諾にかわる許可の申立てを行います（借地借家法19条1項）。この申立ては、借地権者により、借地権の譲渡に先立って行われるのが原則ですが、遺贈の場合にこれを要求するのは遺贈の性質上不当（借地権の譲渡が借地権者の死亡により発生するため）であることから、遺贈の効力の発生した後、その相続人または遺言執行者による目的物件の引渡しまたは借地上の建物の所有権移転登記に先立って、借地権譲渡にかわる裁判所の許可を求めれば足りると解されています（東京高決昭和55年2月13日東高民時報31巻2号13頁）。

裁判所が借地権譲渡の承諾にかわる許可を与える場合、その許可を財産上の給付に係らしめること、つまり、いわゆる譲渡承諾料の支払と引き換えに許可を与えることができます（借地借家法19条1項）。譲渡承諾料の額は、種々の事情をふまえ決定されますが、前項で述べた包括受遺者の事例の場合、参照可能な実例は必ずしも多くないものの、一般的なものに比べると低い水準の額が認められることがあるようです（賃貸人の承諾を不要とはしないものの、実際上、遺言者と近しい者が受遺者であること等も考慮し、低い水準の額を認めているものと理解されます）。

4 本件の留意点

Dに対する借地上の建物の遺贈は特定遺贈に当たるところ、この遺贈の対象には借地権も含まれている（あるいは、従たる権利として借地権も建物とともに移転する）と考えるのが適当です。そこで、遺言執行者の立場からは、借地権について調査を行ったうえ、賃貸人に対し、借地権譲渡について承諾を求め、賃貸人から承諾が得られない場合は、裁判所に対し、借地権譲渡の承諾にかわる許可の申立てを行うことになります（遺言の内容を実現するための遺言執行に必要な行為（1012条１項）と考えられ、遺言執行者による申立てが可能と考えられます）。これを前提に、遺言執行履行補助業務の受託の可否について検討する必要があるでしょう。

Q15 株式の遺贈

当行が遺言執行者として指定されたＡの遺言には、Ａが代表者を務めていた甲社の株式（70%相当）を、同社の取締役であり、Ａが後継者と目していた甥のＢに対し遺贈することが定められています。なお、Ａの推定相続人には、子Ｃ、Ｄがあるところ、Ｃ、Ｄも甲社の取締役を務めています。甲社は取締役会設置会社であり、取締役会の構成員はＡ～Ｄの四名です。

甲社は、非上場会社であり、その株式の譲渡のためには取締役会の承認を要する旨が同社の定款には定められているのですが、この場合、どのような手続が必要になるでしょうか。

1 遺贈の対象が非上場会社の株式である場合

会社法のもとでは、株券は非発行であることが原則です（同法117条7号は、株券を発行する旨の定款の定めがある会社を株券発行会社と定義づけています）。そのため、まず、相続の対象が株券発行会社の株式であるのか否かを確認する必要があり（登記情報の記載により確認できます）、また、現実に株券が発行されていたか否かも確認する必要があります。

株券が発行されていない会社の場合、株式の譲渡の効果は遺言の効力が生じた時（遺贈者が死亡した時）に発生しますが、その譲渡の効力を当該株式会社や第三者に対抗するためには、株主名簿の名義書換が必要です（同法130条）。名義書換の請求は、株主名簿に株主として記載された者または相続人その他の一般承継人と、株式を取得した者の共同での請求による必要があるため（同法133条）、特定遺贈の場合で遺言執行者があるときは、遺言執行者と受遺者と共同で名義書換の請求を行います。他方、包括遺贈や相続させる遺言の場合（一般承継の場合）は、単独での名義書換の請求が可能です（同法133条２項、会社法施行規則22条１項４号）。

株券が発行されている場合は、株式の譲渡は、株券の交付により効力が生じることになりますので（会社法128条）、遺言執行者としては、株券を占有する者からその引渡しを受け、受遺者に交付することになります。株券発行会社の場合、第三者対抗要件も株券の交付により備えられます（同法130条２項）。株主名簿の名義書換については、株券発行会社の場合は、株式取得者が株券を提示して請求することにより、単独での名義書換の請求が可能です（同法133条２項、会社法施行規則22条２項１号）。したがって、株券発行会社の場合、遺言執行者としてなすべき業務は、受遺者に対する株券の交付で尽くされていると考えられます。

非上場会社の株式が譲渡制限株式（会社法２条17号）である場合、当該会社の株主総会または取締役会の承認がなければ、特定遺贈の効力は生じません。そこで、遺言執行者は、譲渡の承認の請求を行います（同法136条）。他方、一般承継である包括遺贈や相続させる遺言の場合は、以上の会社による承認は不要です。

2 遺贈の対象が上場会社の株式である場合

上場会社の株式の場合は、「社債、株式等の振替に関する法律」によりすべての株券が電子化されています（株券電子化実施日である平成21年１月に、当時の上場企業約4,000社の株券約3,800億株が一斉に電子化されています）。そのため、上場会社の株式の場合、株券の有無は問題にならず、遺贈者の証券会社の口座から、受遺者の口座への振替えの手続を行うことが遺言執行者の主な業務となります。

なお、上記の平成21年１月の株券電子化実施日の時点で株券が証券保管振替機構（ほふり）に預託されておらず、株券が株主の手元にあったような場合は、発行会社が、株主名簿上の名義人の名前で信託銀行等に特別口座を開設し、この特別口座での管理が行われています。この場合は、特別口座の名義を受遺者に変更するとともに、特別口座のままでは株式の取引ができないことから、特別口座にある株式を証券会社の口座に振り替えることになります（そのため、受遺者に口座がない場合は、受遺者名義で新たに証券会社の口座を開設します）。特別口座の名義が遺贈者名義になっていない場合（失念株主である場合）は、一定の手続により名義書換を行うことが必要となります。

3 本件の留意点

前記第１項で解説したとおり、非上場会社である甲社については、まず、株券発行の有無を確認する必要があります。その有無に従い、株券が発行されていれば、遺言執行者の業務として株券をＢに交付しますし、また、株券がなければ、株主名簿の名義書換の請求をＢと共同で行います。

甲社の株式は譲渡制限株式であるところ、今般のＢへの株式の遺贈は特定遺贈であると考えられることから、譲渡の承認の請求を行う必要があります。甲社は取締役会設置会社ですので、その請求は取締役会に対し行いますが、Ａが死亡した場合、甲社の取締役会の構成員はＢとＡの子Ｃ、Ｄになると考えられるところ、Ｂは「特別の利害関係を有する取締役」として譲渡の承認に関する決議に加わることはできないため、子Ｃ、Ｄの二名がその決議を行うことになります。そのため、ＢとＣ、Ｄの人間関係等によっては、承認の決議がされない場合も想定されます。このように、会社が株式の譲渡を承認しないことが想定される場合は、その株式の会社または指定買取人による買取りの請求を行うかどうかも検討する必要があります（会社法140～144条）。

Q16 一部の遺贈が放棄された場合の他の遺贈等への影響

当行が遺言執行者として指定された遺言の遺言者Ａの相続人は子Ｂのみですが、Ａの遺言には、Ａの有する株式（上場株）を売却処分し、その売買代金をＣ、Ｄ、Ｅに各３分の１の割合により遺贈する、その余のいっさいの財産をＢに相続させる旨の条項が設けられています。ＢはＡと先妻の間の子で、Ｃ、Ｄ、Ｅはいずれも Ａの後妻の連れ子です。ＡとＣらとは養子縁組をしておらず、ＣらはＡの相続人には当たりませんが、Ａとしては、Ｃらの行く末を慮る気持ちもあり、Ａの相続財産のうち上記株式の売買代金をＣらに等分に遺贈することを考えたようです。

ところが、Ａの相続発生後、Ｄは遺贈を放棄しました。これを受け、Ｂは、Ｄが受けるべきだった分は相続人である自らに帰属すると主張し、他方、Ｃ、Ｅは、以上のようなＡの意思からすればＤが放棄した分は自身らに２分の１ずつ帰属すべきと主張しています。どちらの見解が正しいのでしょうか。

1 遺贈の放棄の効果

遺贈が、放棄によってその効力を失ったときは、受遺者が受けるべきであったものは相続人に帰属します。ただし、遺言者がその遺言に別段の意思を表示したときは、その意思に従います（995条）。

Ｃらに対する遺贈は、特定遺贈と解されます。したがって、以上の規定に従えば、Ａが「遺言に別段の意思を表示」したと認められない限り、Ｄが放棄した分は相続人であるＢに帰属することになります。

2 補充遺贈

補充遺贈とは、受遺者が遺贈を放棄したり、死亡したときに、この者に遺贈する予定であった財産を別の者に遺贈するという内容の遺贈をいいます。なお、いわゆる相続させる遺言（特定財産承継遺言）の場合も、同様の方法をとることが可能です。

本件の場合に、Cらのうち一名または二名が遺贈を放棄した場合や、Aより先に死亡した場合を想定すれば、Aとしては、補充遺贈の方法によりその場合の財産の帰属を定めることが可能であったといえます。補充遺贈がある場合が、「遺言者がその遺言に別段の意思を表示したとき」（995条）の典型例です。

ところで、遺言の解釈にあたっては、遺言書の文言を形式的に判断するだけではなく、遺言者の真意を探求すべきであるとするのが判例法理ですが（本章Q１参照）、本件の場合に補充遺贈の趣旨を読み取ることができるでしょうか。この点については、事案ごとの判断であり一義的に判断できることではありませんが、遺言者が遺言書作成に至った経緯およびその置かれた状況等を考慮することも許されるとする判例（最判平成５年１月19日民集47巻１号１頁）を前提にしても、補充遺贈の趣旨が文言上まったく明らかでない本件の場合に、補充遺贈の趣旨であると解するのは困難であるように思われます。

3 代襲遺贈

本件は遺贈の放棄の事例ですので直接関連しませんが、もし、DがAより先に死亡していた場合、Dに与えられるべきであった分がその相続人に帰属すると考えることは可能でしょうか。代襲相続のように、遺言者の死亡の前に死亡した受遺者の子が受遺者になること（代襲遺贈）が認められるかどうかが問題となりますが、まず、代襲相続とは、被相続人の子が、相続の開始以前に死亡したときや欠格事由に該当する（891条）等により相続権を失ったときに、その者の子（代襲者）が相続人になることをいいます（887条２項）。代襲者が相続の開始以前に死亡した場合等には、さらにその子が相続人となります（再代襲）。代襲相続の規定は、相続人が兄弟姉妹である場合にも準用されます（889条２項）が、相続人が兄弟姉妹である場合は、再代襲はありません。

遺贈は、遺言者の死亡以前に受遺者が死亡したときはその効力を生じません（994条１項）。したがって、代襲相続のように、遺言者の死亡の前に死亡した受遺者の子が受遺者になることは認められません。また、相続させる遺言（特定財産承継遺言）についても、判例は、当該遺言により遺産を相続させるものとされた（推定）相続人が遺言者の死亡以前に死亡した場合には、当該「相続させる」旨の遺言に係る条項と遺言書の他の記載との関係、遺言書作成当時の事情および遺言者の置かれていた状況などから、遺言者が、上記の場合には、当該推定相続人の代襲者その他の者に遺産を相続させる旨の意思を有していたとみるべき「特段の事情」のない限り、当該遺言はその効力を生じないとし、原則として代襲の問題が生じないことを明らかにしています（最判平成23年２月22日民集65巻２号699頁）。

4 本件の留意点

以上のとおり、Ａの遺言が作成されるに至った経緯にも鑑みれば、Ｄが放棄した分についてはＤの兄弟姉妹であるＣ、Ｅに帰属すべきと考えることも不合理ではないように思われますが、文理上は無理があり、それが認められる蓋然性が高いとはいえないように思われます。本件では、Ｃらが遺贈を放棄する等の場合があることをあらかじめ想定し、補充遺贈の規定を設けておくのが適切であったといえるでしょう。

このように、特に遺贈がある場合に遺言の内容を検討するにあたっては、遺贈の放棄がされた場合や受遺者が先に亡くなっていたような場合も想定して、遺言者の意向をよく確認し、補充の規定が必要ないかどうかを含めて十分に検討のうえ、具体的な遺言の文言を定める必要があるでしょう。

Q17 相続人の一部による被相続人の財産の私的な費消

　当行が遺言執行引受予諾業務を受託しているＡの遺言に関し、今般、Ａについて相続が発生し、当行が遺言執行者に就職しました。
　Ａの相続人には、妻Ｂと子Ｃ、Ｄがおり、妻Ｂと子ＤはＡの生前同人と同居していたのですが、子Ｃは、Ｄが、Ａの生前、Ａ名義の甲銀行のキャッシュカードを自由に使える状況にあり、ATMから複数回金銭を引き出し、私的に費消していたと主張しています。なお、当行で甲銀行の預金の明細を確認したところ、たしかに、ATMから複数回払戻しを受けた形跡がみられ、それらを合計すると相応の金額になることは事実です。
　Ｃからは、以上のＤによる甲銀行の預金の払戻しについても、遺言執行者である当行において対応すべきでないか、との意見が述べられているのですが、当行はどのような対応をすべきでしょうか。

1 被相続人の生前、その財産を共同相続人の一部が私的に費消した場合の法律関係

　本件のように、推定相続人が複数ある場合に、その一部の者が被相続人の財産を私的に費消していた場合、どのような法律関係が生じるでしょうか。
　まず、当該私的な費消について、被相続人が承諾していたか否かが問題となります。本件の場合でいえば、もし、Ｄが甲銀行の預金の払戻しを受けることや、払戻しを受けた金員を費消することについてＡが承諾していたのであれば、それはＡのＤに対する贈与にほかならないと考えられます。したがって、この場合、ＤがＡに対し当該金員を返還すべき義務を負担することはな

く、また、相続発生前の事情であり、その費消された分は相続財産に含まれないことから、遺言執行の場面でそれが問題になることはありません。ただし、共同相続人間では、以上のＤに対する贈与が特別受益に当たるか否かが問題になることはありえます（主に、遺留分に関し問題になる場合が想定されます）。

他方、以上について被相続人の承諾がなかった場合は、Ａは、Ｄに対し、私的に費消した金員の返還を求める権利（不当利得返還請求権。703条以下）あるいは費消された金員に相当する額の損害賠償請求権（不法行為に基づく損害賠償請求権。709条）を取得します。

2 不当利得返還請求権等の相続および遺言執行

以上の不当利得返還請求権あるいは損害賠償請求権は可分の金銭債権であるため、遺産分割の手続を待つことなく法律上当然に分割され、各共同相続人がその相続分に応じて権利を承継します（本章Q13参照）。他方、これらの不当利得返還請求権等が相続させる遺言（特定財産承継遺言）の対象とされている場合には、対抗要件の具備（899条の２）などの遺言執行者の業務が発生します（1014条２項）。そこで、不当利得返還請求債権等が、遺言においてどのように扱われているかが問題となります。

通常は、遺言を作成する時点において、共同相続人の一部の者による私的な費消などは想定されていないと思われ、したがって、不当利得返還請求権等が遺言に明記されていることは一般的でないと思われます。とはいえ、このような場合であっても、「その他一切の財産」を特定の相続人に相続させる旨の条項が設けられることは一般に行われており、この「一切の財産」に不当利得返還請求権等が含まれることは疑いがないと考えられます。ただし、金融機関において遺言執行引受予諾業務を受託する場合、上記のような「その他一切の財産」の相続については遺言執行の対象から除外することが一般的です。したがって、金融機関が遺言執行者に就職する場合であれば、「その他一切の財産」に不当利得返還請求権等が含まれるとしても、それが遺言執行の対象になることはありません。

他方、「その他一切の財産」ではないところに不当利得返還請求権等が含まれると解されるような場合も想定されます。たとえば、預貯金債権等を含む「一切の金銭債権」を特定の相続人に相続させる旨の条項があるような場合です。この場合、「一切の金銭債権」には不当利得返還請求権等が含まれると考えるのが自然であるよう思われるところ、この「一切の金銭債権」は、上記の「その他一切の財産」とは異なり遺言執行の対象となるものですので、遺言執行者として対応が求められるとの帰結になります。この場合は、上記のとおり遺言執行者として、必要に応じ対抗要件具備に関する業務を行うべきということになります（遺言執行者が当該債権の取立て（回収）まで行う義務を負担するか否かについては消極的に解します（本章Q13参照））。

なお、以上いずれの場合であっても、調査の結果、不当利得返還請求権等が存在することが確認された場合は、遺言執行者において作成し、相続人に交付すべき相続財産の目録（1011条）に当該債権を記載することが必要と考えられます。

3 本件の留意点

前項で述べたとおり、AのDに対する不当利得返還請求権等が発生していたとして、それが遺言執行の対象となるか否かは、遺言において定められた条項の内容によって異なりえますので、Cの意見の当否に関しては、まず、遺言の内容が確認される必要があります。そのうえで、遺言執行者としての対応の方法を検討することになりますが、いずれの場合であっても、不当利得返還請求権等の存在が認められる場合には、相続財産目録への記載は必要であることには注意が必要です。

以上のように、遺言の条項の定め方により、遺言執行者として不測の業務が発生する可能性のあることには留意が必要です。遺言作成に係る相談から始まる遺言執行引受予諾業務の場合には、将来の執行の場面も見据え、条項の作成を行うことが必要といえるでしょう。

Q18 遺言執行者の就職辞退、辞任、解任

今般、当行と遺言執行引受予諾契約を締結し、当行が遺言執行者に指定されている公正証書遺言を作成していたAについて相続が発生しました。

Aの相続人には、妻Bと、子C、Dがあるところ、Dは長年Bと険悪な関係にあり、Cは心情的にBに共感するところが多いようで、遺言執行業務の遂行にあたっては相続人間の衝突によりさまざまなトラブルが発生することが想定されます。当行としては、このようなAの遺言について、遺言執行者を引き受けることははたして妥当といえるでしょうか。

1 遺言執行者の指定

遺言者は、遺言で、一人または数人の遺言執行者を指定し、またはその指定を第三者に委託することができます（1006条1項）。

遺言執行者の指定は、遺言による必要があり、遺言以外の方法で遺言執行者の指定をすることはできません。遺言執行者の指定の方法に法令上の制限はありませんが、「この遺言の執行者として○○信託銀行株式会社を指定する」といった条項を遺言に設けることが一般的と思われます。

遺言により遺言執行者の指定の委託を受けた第三者（自然人に限らず法人でもよい）は、遅滞なく遺言執行者の指定をし、これを相続人に通知します（同条2項）。指定の委託を受けた者がその委託を辞そうとするときは、遅滞なくその旨を相続人に通知しなければなりません（同条3項）。

2 就職の承諾、辞退

遺言執行者に指定された者には、就職を承諾するか、辞退するかを判断する自由があります。承諾または辞退の方法に明文の規定はありませんが、その意思表示は書面で行うのが適当でしょう。この承諾または辞退の意思表示は、相続人が複数ある場合であっても、一人の相続人に対して行えばよいと解されています。

相続人その他の利害関係人は、遺言執行者に対し、相当の期間を定めてその期間内に就職の承諾の有無を催告することができ、遺言執行者がその期間内に相続人に対して確答をしない場合は、就職を承諾したとみなされます(1008条)。

なお、金融機関の遺言執行者への就職については、遺言執行引受予諾契約上の義務であるとの側面があります。したがって、遺言執行引受予諾契約の締結を前提に、金融機関が遺言執行者に指定されている場合は、上記の就職辞退の自由は一定の範囲で制限され、契約の規定（就職を辞退することができる場合について規定が設けられていることが一般的でないかと思われます）に該当しない限り、原則として遺言執行者への就職を辞退すべきではないと考えます。

3 家庭裁判所による遺言執行者の選任

遺言執行者がないときや、遺言執行者がなくなったとき、つまり、遺言執行者の指定がないときや指定があっても就職を辞退したとき、あるいは、遺言執行者の死亡、辞任、解任等の場合には、家庭裁判所は、相続人、受遺者等の利害関係人の請求により遺言執行者を選任することができます（1010条)。

遺言執行者の選任は審判事項であり（家事事件手続法39条、別表1・104）、家庭裁判所は、遺言執行者の選任の必要性を審理します。だれを遺言執行者に選任するかは家庭裁判所の裁量に委ねられますが、家庭裁判所は、遺言執行者の選任の審判をする場合には、遺言執行者となるべき者の意見を聴かなければなりません（家事事件手続法210条2項）。

家庭裁判所によって遺言執行者として選任された者にも、就職について諾否の自由があります。

4 遺言執行者の解任、辞任

遺言執行者がその任務を怠ったときその他正当な事由があるときは、相続人、受遺者、その債権者等の利害関係人は、その解任を家庭裁判所に請求することができます（1019条1項）。また、遺言執行者は、正当な事由があるときは、家庭裁判所の許可を得て、遺言執行者を辞任することができます（同条2項）。

遺言執行者の解任、辞任はいずれも審判事項です（家事事件手続法39条、別表1・106、107）。

解任の場合の「任務を怠ったとき」とは、任務に違反した場合や、任務の履行を遅滞した場合等の任務懈怠があったのみでなく、その結果、公正な遺言執行を期待することのできない状況が生じていることが必要とされます。また、「その他正当な事由」とは、疾病、長期の不在等により公正な遺言執行を期待できない場合をいい、遺言の執行に利害関係があること（たとえば、遺言執行者が債権者であったり、自身も相続人の一人であるなど）は解任の事由に当たりません。遺言執行者が相続人の一人に特に有利な取扱いをし、その結果公正な遺言執行を期待することができなくなったような場合は、任務を怠ったあるいはその他正当な事由がある場合に当たるとみてよいと思われます。

辞任の場合の「正当な事由」とは、疾病や長期の不在等により、遺言の執行が困難になる場合をいいます。遺言執行者が意欲を失った場合に正当な事由が認められるか否かは見解の相違があるようですが、たとえば、相続人間の敵対関係により遺言執行に対する意欲を失うに至った場合などは、正当な事由が認められる可能性があると考えられます。

5 本件の留意点

以上のとおり、遺言執行者に指定された者が就職を承諾するか、辞退するかは、民法上は自由であるのが原則（ただし、金融機関等の遺言執行引受予諾業務では、契約上の辞退事由に該当しない限り、原則として辞退すべきではないことは前記のとおりです）ですが、いったん承諾した後に、遺言執行者を辞任するためには正当な事由が必要です。本件のように、相続人間で紛争がある場合に正当な事由が認められる可能性があることは前記のとおりですが、これは、審判において家庭裁判所の判断に委ねられる部分であり、辞任が認められない場合も十分に想定されます。このように、一度遺言執行者に就職した後に、職務を辞するのは容易ではありませんので、本件の場合に遺言執行者に就職するか否かは慎重に検討される必要があるでしょう。

Q19 就職辞退・辞任の場合の報酬請求

当行が遺言執行引受予諾契約を締結している顧客に関して、今般相続が発生し、相続人全員に対して遺言書の開示を行ったのですが、相続人全員の一致した意向により、当行には遺言執行者への就職を辞退してもらいたいとの申出があったため、これに応じるつもりです。しかし、遺言執行引受予諾契約で定めている就職を辞退する場合の報酬について、相続人全員がその支払に難色を示しているのですが、これを請求することに問題はないでしょうか。

また、遺言執行者に就職後、裁判所の許可を得て辞任をした場合には、報酬を請求することはできるでしょうか。

1 就職辞退の場合の報酬請求の可否

遺言執行引受予諾契約では、相続発生時に、種々の理由で遺言執行者への就職を辞退する場合でも、まずは、法定相続人の調査を行い、相続人に対する遺言書の開示を行ったうえで、就職辞退の可否を判断するのが一般的であり、それらに要する負担等も考慮して、辞退する場合でも、一定額の報酬を請求できる旨を契約上定めている場合もあろうかと思います。

遺言執行者は、遺言執行業務を行った場合には、遺言執行報酬を請求することができ、報酬額は、家庭裁判所が相続財産の状況その他の事情によって定めることとされていますが、遺言者が遺言で定めることもでき（1018条1項）、金融機関が遺言執行引受予諾契約を締結するときは、遺言書で遺言執行報酬について定めておくのが通常です。

他方で、遺言執行者に指定されているものの、その就職を辞退した場合の報酬に関しては、民法上の定めはありませんが、私的自治の原則により、遺言者との契約によって辞退の場合の報酬を定めることも可能と考えます。

この点、就職辞退が実際に問題となるのは、相続開始後であり、報酬を実際に支払うのは遺言者ではなく相続人であることや、遺言執行引受予諾契約はその法的性質は委任契約であると解され、委任契約では委任者の死亡は終了事由とされており（653条１号)、契約上の地位は相続人に承継されるものではないこと等を理由に、就職辞退の場合の相続人に対する報酬請求は認められないとの考え方もありえそうです。

しかし、委任契約では委任者の死亡が終了事由となるのが原則であるとしても、合理的な範囲でこれと異なる合意をすることも有効と解され、特に遺言執行引受予諾契約では、委任者が亡くなった後に遺言執行業務を履行することを委任するものであり、委任者の死亡後に業務を行うことを内容とするものであることから、少なくとも、遺言執行業務が完了するまでは、契約は有効に存続し、その範囲で遺言執行引受予諾契約に基づく委任者の義務は相続人に承継されると考えます。また、仮に、遺言執行引受予諾契約自体は終了するとしても、委任者が負担することを合意した就職辞退の場合の報酬の支払義務自体は、相続債務としてやはり相続人に承継されると考えます。

したがって、遺言執行引受予諾契約において定めた就職辞退の場合の報酬請求の合意も有効であり、相続人に請求することは可能と考えます。

なお、相続人が複数いる場合、金銭債務であるため、法定相続分に応じて分割して承継されるのが原則だと思いますが、遺言執行引受予諾契約において、相続人全員の連帯債務とするなどの定めも有効と考えます。

2 遺言執行者辞任の場合の報酬請求の可否

遺言執行者に一度就職すると、自由に辞任することはできず、遺言執行者は、正当な事由があるときに、家庭裁判所の許可を得て辞任することができるにすぎません（1019条２項）。

遺言執行者を辞任した場合であっても、一部でも遺言執行業務を行っている以上は、遺言執行報酬の請求ができると考えられ、この場合も、1018条１項に従い、遺言者が遺言書で定めたときは、それに従うことになり、遺言書で定めがないときは、家庭裁判所に報酬付与の申立てをして、家庭裁判所の審判を得る必要があると考えられます。

辞任の際に、別途相続人と合意ができればその合意に従って報酬請求することも可能と考えられますが、辞任となるようなケースでは報酬について相続人と合意できないことも十分考えられますので、万が一辞任となった場合でも、確実に報酬請求を行うためには、遺言書における遺言執行報酬の定めのなかで、辞任の場合についても定めておくのが望ましいと考えます。

遺言執行業務の途中で任務が終了することとなるため、報酬額については、履行の程度に応じた段階的なものになると考えられますが、具体的な報酬額をめぐって疑義が生じないように、できる限り具体的かつ明確な基準を定めるのが望ましいでしょう。

3 本件の留意点

遺言執行引受予諾契約において、就職辞退の場合の報酬の定めがあるのであれば、その定めは相続人との関係でも有効と考えますので、仮に相続人が支払に難色を示していたとしても、契約の定めに従って報酬請求をすることが可能と考えます。

また、遺言執行者を辞任する場合についても、遺言執行報酬の請求は可能と考えられます。具体的な金額について、遺言書に定めがあればそれに従いますが、定めがない場合には、家庭裁判所に報酬付与の申立てをして審判で決定してもらう必要があります。

Q20 遺留分と遺言執行者の対応

現在、当行は、顧客Ａから遺言書の作成について相談を受けています。Ａが想定している遺言は、相続財産の総額の４分の３に相当する財産を、長男であるＢに相続させることを内容とするものですが、Ａには、Ｂのほかに二男Ｃ、長女Ｄの合計三名の相続人がいるため、これがＣ、Ｄの遺留分を侵害することは明らかであるように思います。

もし、このようなＡの遺言について遺言執行者の業務を行う場合に、実際にＢ、Ｃから遺留分の主張がされた場合、遺言執行者としてはどのように業務を行うのが適切なのでしょうか。

1 平成30年法律第72号による民法改正（相続法改正）前の遺留分減殺請求権

遺贈や贈与によっても侵害することのできない一定の法定相続人（兄弟姉妹以外の相続人）に認められた権利を遺留分といいます。直系尊属のみが相続人である場合は３分の１、それ以外の相続人の場合には２分の１が遺留分の割合となり、遺留分を算定するための財産の価額（1043条１項）に遺留分の割合を乗じ、さらに個々の相続人の法定相続分を乗じた額が各相続人の遺留分となります（1042条）。

相続法改正前は、遺贈等によって遺留分を侵害された者は、遺留分減殺請求権を行使できることとされ、これが行使されると、その対象とされた遺贈等は遺留分を侵害する限度で失効し、その限度で対象財産についての権利（所有権）が遺留分権利者に帰属することとされていました。これを、遺留分減殺請求の物権的効果といいます。そして、遺留分減殺請求権を行使された受遺者または受贈者は、対象財産の現物を返還するか、現物の返還にかえて価額弁償をするかの選択をすることができ、受遺者等が価額弁償を選択しない限り、遺留分権利者が価額弁償を選択することはできないこととされていました。

2 相続法改正後の遺留分侵害額請求権

以上の改正前の制度に対しては、さまざまな批判もあったことから、相続法改正では、遺留分減殺請求の行使によって物権的効果が生じるという規律が改められ、遺留分権利者には、遺留分侵害額に相当する金銭請求のみを認めることとされるとともに、権利の名称も「遺留分侵害額請求権」に変わりました（1046条1項）。

3 相続法改正の前後でどう変わったか

上記のとおり、相続法改正前は、遺留分減殺請求には物権的効果が認められていたことから、たとえば、不動産の遺贈の場合、遺言執行者は遺言に従い所有権移転登記の手続を行うべきですが、以上の物権的効果は遡及的に発生すると解されていたこと、他方、遺留分減殺請求権は形成権であり、その行使によりはじめて効果が発生するため、遺留分減殺請求権が実際に行使される前に所有権移転登記をすませてしまって支障がないか、あるいは、遺留分減殺請求権が行使された後はどうかなど、遺言執行者の立場からは判断に迷う局面がありました。以上への対処として、たとえば、遺言執行者に就職する前に遺留分減殺請求権が行使されていた場合には、受遺者と遺留分権利者との間の権利関係が確定するのを待って執行する方法などが提案されていましたが、このような方法による場合も、たとえば遺贈の対象が賃貸不動産である場合に賃料の回収に支障が生じないか（所有権移転登記未了のままで賃料の回収に支障はないか）等の実務的な問題があり、遺留分減殺請求権が行使された場合の遺言執行者の業務は困難を伴うものであったといえます。

相続法改正後は、前記のとおり遺留分侵害額に相当する金銭請求のみが認められることになり、遺言執行の対象となる権利関係そのものに具体的な影響が生じることはなくなったため、理論的には、遺留分を侵害する内容の遺言であっても、遺言執行の業務に支障が生じることはなくなったということができるように思われます。

4 遺留分侵害額の請求の相手方はだれか

ところで、遺留分侵害額請求権（1046条）を行うべき相手方は、受遺者または受贈者（相続させる遺言（特定財産承継遺言）の受益相続人を含む）であるのが明文の規定ですが（同条1項）、相続法改正前においては、包括遺贈の場合は遺言執行者を遺留分減殺請求の相手方とすることもできるとされていました（大判昭和13年2月26日民集17巻3号275頁）。また、特定遺贈の場合にも、遺言執行者がいる場合には遺言執行者も相手方とすることができると考えるのが一般的な見解であったようです。以上の考え方は、遺言執行者がある場合には、遺贈の履行は遺言執行者のみが行うことができるとの規定（1012条2項）が設けられた改正後においても妥当するように思われる一方、遺言執行者は、遺言の内容を実現するため、遺言の執行に必要ないっさいの行為をする権利義務を有する（1012条1項）にすぎず、遺留分侵害額に相当する金銭（1046条1項）を支払う立場にはないため、同様の議論は改正後には通用しないとも考えられます。この点は、今後の議論の集積が待たれるところです。

相続させる遺言の場合は、改正前であっても、物権的効果の対象となる不動産等について執行の余地がない（相続人が自ら所有権移転登記手続をすることができる）と解されていたため、原則として遺言執行者は遺留分減殺請求の相手方にはならないと考えられていました。この考え方が、相続させる遺言の場合に、遺言執行者が対抗要件を備えるために必要な行為をすることができることを認めた改正後の規定（1014条２項）のもとでも妥当するかは、議論の余地がありそうです。

遺贈、相続させる遺言のいずれの場合であっても、遺言執行の業務が完了している場合には、改正の前後にかかわらず、遺留分減殺請求の相手方となる余地はないと考えられます。

5 非弁行為との関係

最後に、日弁連と信託協会との間で締結された平成６年２月22日付の合意書（第１章Ｑ５参照）では「遺言執行者就任前にすでに法的紛争が生じており、遺言執行業務を遂行することが著しく困難と認められる場合には、遺言執行者に就任しない」旨の規定が設けられています。

以上の場合に該当するか否かは事例ごとの判断ではありますが、本件のように、共同相続人の遺留分を侵害する遺言で、相続発生後、現に遺留分侵害額請求権が行使されたような場合は、「法的紛争が生じて」いる場合に当たるとも考えられます。他方、相続法改正により、遺留分減殺請求が遺留分侵害額請求へと変化しており、遺留分侵害額請求権の行使によっても遺言執行の業務に支障が生じることはなくなったとも考えられることからすれば、「遺言執行業務を遂行することが著しく困難」ではないということも可能であるかもしれません。この点は、相続人間の関係性等もふまえ、ケースバイケースで検討が求められるところといえるでしょう。

Q21 不在者・意思無能力者がいる場合

遺言執行者として業務を行うにあたり、相続人のなかに、寝たきりになってしまい意思能力がない者や、所在不明の者がいる場合、そのような相続人との関係ではどのように遺言執行手続を進めるべきでしょうか。

1 所在不明の相続人がいる場合

(1) 所在の調査

遺言執行者は、遺言を実現するにあたり、相続財産の配分のある相続人に対して相続財産の引渡し等を行う必要があり、また、相続財産目録の交付や遺言執行が完了した場合には顛末の報告も行う必要がありますが、戸籍上生存している相続人の所在が不明な場合には、これらを実際に行うことができません。

遺言執行者としては、まずは、住民票や戸籍の附票を取得して住所地を確認する方法や、他の相続人その他の親族等への聞き取り等によって相続人の所在を確認します。場合によっては、当該相続人が過去に居住していたと思われる住所地の現地の確認や近隣住民への聞き取り等を行うことも考えられます。また、海外に移住した後、親族等と疎遠になってしまったような場合、各国にある日本人会等への照会で所在が判明する場合もありますし、一定の要件を満たす必要はあるものの、外務省を通じて在外邦人の所在の調査を依頼することもでき、かかる方法で海外での所在が判明する場合もあろうかと思います。

（2）不在者財産管理人の選任申立て

事案に応じて合理的な手段を尽くしても所在が判明しない場合は、不在者財産管理人の申立てを行うことが考えられます。

すなわち、従来の住所または居所を去った者（不在者）が、その財産の管理人を置かなかった場合は、家庭裁判所は、利害関係人または検察官の請求により、財産の管理に必要な処分をすることができ（25条1項）、通常は、不在者財産管理人が選任され、当該管理人によって不在者の財産の管理が行われることになります。

一般的には、不在者に対する債権者が債権回収を目的とする場合や、相続人の一部に不在者がいる場合に遺産分割協議を成立させるためなどの場合に、不在者財産管理人の選任申立てが行われます。申立てをできるのは利害関係人ですが、遺言執行者としては、遺産の引渡しを行うために管理人を選任する必要があると考えられるため、利害関係人に含まれると考えてよいのではないかと思います。

遺言執行者としては、不在者財産管理人を選任して、当該管理人に対して遺産の引渡し、相続財産目録の交付、顛末の報告などを行うことが考えられます。

（3）不在者財産管理人が選任されない場合

なお、不在者財産管理人選任の申立てを行うにあたっては、管理する財産の存在が要件であると考えられるため、もともと管理すべき不在者の財産が存在せず、遺言により取得する財産もなく、遺留分もない場合には、申立てが認められないことも考えられます。

遺言執行者としては、遺言により取得する財産がないとしても、相続人である以上は、相続財産目録の交付や顛末の報告は行う必要があるものの、当該不在者たる相続人の所在が不明であり、不在者財産管理人も選任されない以上、これらを実際に行うことはできませんが、少なくとも合理的期間は、不在者が現れた場合にはすみやかにこれらの義務を履行できるよう準備をしておくべきでしょう。

(4) 失踪宣告

また、事情によっては、不在者に関して失踪宣告について検討することも一応考えられます。

すなわち、不在者の生死が7年間明らかでないとき、または、戦地に臨んだ者、沈没した船舶のなかにあった者その他死亡の原因となるべき危難に遭遇した者の生死が、それぞれ、戦争がやんだ後、船舶が沈没した後またはその他の危難が去った後1年間明らかでないときは、利害関係人の申立てにより家庭裁判所は失踪宣告を行います(30条)。失踪宣告が行われると、前者の場合は生死不明となってから7年経過時、後者の場合は危難が去った時に死亡したものとみなされ(31条)、相続が開始します。

したがって、当該相続人についてもこれらの時点で相続が開始していることを前提に遺言執行業務を履行していくことになります。

ただし、失踪宣告は、当該不在者を死亡したものとして取り扱うという重大な効果が生じるものであるため、そもそも、原則として遺言執行者が利害関係人として申立てをすることはできないとも考えられますし、実際にその申立てを検討するにあたっては、他の相続人その他の親族と十分に検討のうえ、当該親族等に申立てを行ってもらうのが妥当でしょう。

なお、金融機関の行う遺言執行引受予諾業務では、遺言執行引受予諾契約において、遺言執行について相続人の協力が得られない場合には就職を辞退する旨を定めている場合もあり、相続開始後遺言執行者への就職前に、遺言で財産の配分がある相続人に所在不明者がいることが判明しており、親族によって不在者財産管理人の申立てや失踪宣告の申立てが行われる見込みがないような場合には、遺言執行者への就職を辞退するという対応を検討することも考えられます。

2 意思無能力者がいる場合

意思能力を欠く者は、有効に法律行為を行うことができないため、遺言執行者として、相続財産の引渡し、相続財産目録の交付、顛末の報告等を行うためには、法定後見制度を利用することが考えられます。

意思能力を欠く常況にあるのであれば、後見開始の申立て（7条）を行うことが考えられます。

この点、後見開始の申立てを行うことができるのは、本人、配偶者、四親等内の親族等に限られており、遺言執行者は申立権者ではないため、これを行うためには親族の協力が必要となります。

また、65歳以上の高齢者、精神障害者および知的障害者のうち、身寄りがないなど当事者による申立てが期待できない場合について、その福祉を図るために必要があるときは、市町村長は、後見開始の申立てをすることができることとされています（老人福祉法32条、知的障害者福祉法28条、精神保健及び精神障害者福祉に関する法律51条の11の2）。市町村によって実際の対応・運用状況には違いもあるようなので、実際に検討する際には市町村との十分な協議が必要ですが、近年この申立ては増えているようであり、最高裁判所事務総局家庭局の「成年後見関係事件の概況ー平成31年1月～令和元年12月ー」によれば、令和元年（平成31年）は法定後見制度および任意後見監督人選任申立ての全体の約22％が市町村長による申立てであるようです。

相続発生後、遺言執行者へ就職する前に、相続人のなかに意思無能力者がいる場合、所在不明者がいる場合と同様に遺言執行者への就職を辞退することも考えられますが、意思無能力者については、本人の財産保護を図る必要性が高いと考えられるため、安易に就職を辞退すべきではないでしょう。金融機関としては、個別具体的な事情をふまえて、他の相続人その他の親族の理解に努め、できる限り法定後見制度が利用できるように合理的努力を尽くすのが望ましいと考えます。

Q22 相続人不存在の場合の手続

推定相続人のいない顧客からの依頼で、顧客が有する財産の大半を複数の個人や団体に対して特定遺贈をする旨の遺言について、遺言執行引受予諾業務を受託し、今般、当該顧客が亡くなりました。

法定相続人がいない場合、相続財産管理人を選任して、相続財産の清算手続が必要と聞いたのですが、当該手続の要否や手続の流れ等について教えてください。

1 相続人不存在とは

相続が発生し、被相続人に相続人のあることが明らかでないときは、相続財産は法人とされ（951条）、この場合、家庭裁判所は、利害関係人または検察官の請求によって、相続財産の管理人を選任しなければならないこととされています（952条1項）。

相続人のあることが明らかでないときとは、相続人の存否が不明であることをいう（東京高決昭和50年1月30日判時778号64頁）などとされており、相続人が一人でもいることが明らかであれば、ほかに相続人がいるかどうか不明でも存否不明とはいえないと考えられます。

具体的には、戸籍上相続人が存在しない場合、戸籍上は相続人がいるが、欠格または廃除により相続資格を喪失し、かつ、代襲相続人となる者もいない場合、戸籍上相続人はいるが相続放棄をした場合、または、戸籍上相続人はいるが同時死亡が推定される場合などがあげられます。

他方で、戸籍上相続人がいるが、その者が所在不明または生死不明のような場合は、相続人のあることが明らかでないときには該当せず、失踪宣告等の手続によるべきと解されます。

また、全財産の包括受遺者がいる場合、包括受遺者は相続人と同一の権利義務を有すること（990条）等から、相続人のあることが明らかでないときには該当しないと解されており（最判平成９年９月12日民集51巻８号3887頁）、割合的包括遺贈でも全財産が包括遺贈されていれば（たとえば、A、B、C三名に３分の１ずつ包括遺贈するなど）、同様に相続人のあることが明らかでないときには当たらないと考えられますが、一部の財産の割合的包括遺贈だけの場合（Aに全財産の３分の１を包括遺贈するなど）は、相続人のあることが明らかでないときに該当すると考えられます。

相続財産管理人選任の申立てを行うことができる利害関係人とは、受遺者、相続債権者、相続債務者、特別縁故者であると主張する者、遺言執行者などが該当すると考えられます。

2 手続の流れ

（１）相続財産管理人の選任および公告

相続財産管理人が選任されると、家庭裁判所により、遅滞なく公告がされます（952条２項）。

（２）財産目録の作成

相続財産管理人は、相続財産の管理・清算手続を行うことになりますが、まずは、相続財産の内容を調査し、目録を作成します（953、27条）。

（３）債権者・受遺者に対する公告および催告

公告から２カ月以内に相続人のあることが明らかにならなかったときは、相続財産管理人は、遅滞なく、すべての相続債権者および受遺者に対し、一定の期間内（この期間は２カ月を下ることができない。以下、「申出期間」といいます）に、その請求の申出をすべき旨を公告します（957条1項）。この公告では、相続債権者および受遺者が申出期間内に申出をしないときは弁済から除斥されることが付記されます。

相続財産管理人に知れている相続債権者および受遺者に対しては、各別に通知することとされており、また、申出期間内に申出がなくても除斥することはできません（957条2項、927条2～4項）。

（4）債権者に対する弁済

申出期間が満了するまでは、相続債権者および受遺者に対する弁済をすることはできず（957条2項、928条）、申出期間が満了すると、まずは、相続財産をもって、申出期間内に申出のあった相続債権者および知れている債権者に対して、債権額の割合に応じた弁済がされます（957条2項、929条）。ただし、優先権を有する債権者の権利を害することはできません。

相続債権者に対する弁済にあたっては、弁済期の到来していない債権についても弁済が行われ、条件付債権や存続期間の不確定な債権は、家庭裁判所の選任する鑑定人の評価に従った弁済がされます（957条2項、930条）。

（5）受遺者に対する弁済

前記（4）の相続債権者への弁済が行われた後、受遺者に対する弁済が行われます（957条2項、931条）。

相続人が不存在の場合、相続債務を承継する者がいないことから、まずは債権者に対する弁済が行われ、その後に受遺者に対する弁済が行われます。そのため、積極財産で相続債務すべてを弁済できない場合や、相続債務を弁済後に遺言で定められた遺贈を実現するための積極財産がない場合には、受遺者は遺言で定められた遺贈を受けることはできないということになります。

（6）相続財産の換価

相続財産管理人は、相続債権者や受遺者への弁済を行うにあたり、現金や預貯金があれば、まずはそれらを弁済に充てることになりますが、これが不足する場合には､有価証券や不動産等の他の財産を換価する必要があります。

相続財産管理人が有する権限は、保存行為および物または権利の性質を変えない範囲において利用または改良を目的とする行為を行うことに限られており、これを超える行為を行う場合には家庭裁判所の許可が必要とされています（953、28条）。また、相続債権者や受遺者への弁済のために相続財産を売却する必要があるときは、競売に付さなければならないこととされています（957条２項、932条）。

実務上は、相続債権者や受遺者への弁済のために相続財産を売却する必要がある場合は、競売に付するのではなく、家庭裁判所の許可を得て、任意売却により換価することが多いようです。

なお、申出期間内に申出をせず、相続財産管理人に知れなかった相続債権者および受遺者は、残余財産についてのみ権利行使ができます（957条２項、935条）。

（7）相続人捜索の公告

申出期間の満了後、なお相続人のあることが明らかでないときは、家庭裁判所は、相続財産管理人または検察官の請求によって、相続人があるならば一定の期間内（この期間は６カ月を下ることはできない）にその権利を主張すべき旨を公告します（958条）。

（8）権利の喪失

前記（7）の公告によっても相続人としての権利を主張する者がないときは、相続人および相続財産管理人に知れなかった債権者および受遺者は、権利行使ができなくなります（958条の２）。

(9) 特別縁故者

前記(8)の場合において、家庭裁判所は、相当と認めるときは、被相続人と生計を同じくしていた者、被相続人の療養看護に努めた者その他被相続人と特別の縁故があった者の請求によって、これらの者に、清算後残存すべき相続財産の全部または一部を与えることができます。なお、特別縁故者による請求は、前記(7)の公告期間満了後3カ月以内にしなければなりません(958条の3)。

(10) 残余財産の国庫帰属

前記(9)によって処分されなかった相続財産は、国庫に帰属します(959条)。

3 相続財産管理人と遺言執行者の権限の競合

相続財産管理人は、相続財産全体について管理・清算手続を行いますが、一方で、遺言執行者は、遺言の内容を実現するため、相続財産の管理その他遺言の執行に必要ないっさいの行為をする権利義務を有し、たとえば、不動産の特定遺贈がされているような場合は、所有権移転登記手続を行う義務を負うことになります。そのため、相続人不存在の場合で、特定遺贈の遺言執行者がいる場合、その権限の競合が問題となりえます。

どちらの権限が優先するのかは見解の分かれうるところですが、相続人不存在の場合の相続財産管理人は、相続財産の管理のみならず相続債務の清算を行う権限を有します。相続人不存在の場合の清算手続では、受遺者は相続債権者に劣後すること等から、遺贈物件も含めて相続財産全体の管理は相続財産管理人において行うべきとして、相続財産管理人の権限が優先する旨の判断をしている裁判例(東京家審昭和47年4月19日家月25巻5号53頁)がありますので、新たな判例等が現れない限りは、相続財産管理人の権限が優先すると考えるのが無難と思われます。

4 遺言執行引受予諾業務にあたっての注意点

以上のとおり、相続人不存在の場合における相続財産管理人による清算手続は相応の時間を要するほか、相続財産管理人の報酬を含めた手続に要する費用は、相続財産から支弁されるのが原則ではあるものの、たとえば、相続財産管理人の選任申立時に判明している財産で、手続に要する費用をまかなうだけの流動資産がないような場合には、申立人に一定の金銭を予納することを求められる場合もあります。

また、相続財産管理人と遺言執行者の権限の競合に関しては、確定した判例理論や実務運用があるわけではないと思われ、個別の事案ごとに、家庭裁判所や相続財産管理人に選任された者（通常は弁護士だと思います）と調整しながら手続を行う必要があり、遺言執行の場面において、財産調査や受遺者への財産の引渡し等遺言を実現するために必要な行為の一部または全部を相続財産管理人が行うことになることが想定され、遺言者との契約に従った遺言執行報酬全額を収受することに疑義が生じる可能性もあります。

したがって、推定相続人のいない顧客から遺言執行引受予諾業務を受ける場合には、包括遺贈で全財産の帰属が決まる内容とするなど、相続人不存在とならないような遺言を作成するよう工夫することが肝要と考えます。

顧客の希望が、基本的には包括遺贈でよいものの、特定の財産や一定の金銭だけは包括受遺者ではない者に特定遺贈したいというような希望がある場合には、包括遺贈と特定遺贈を併存（包括遺贈と特定遺贈の併存については本章Ｑ２参照）させる遺言とする、または、負担付包括遺贈（負担付遺贈については本章Ｑ４参照）とするなどの方法が考えられます。

本件のように、なんらかの事情で、相続人不存在で、特定遺贈だけの遺言の遺言執行引受予諾業務を受けたような場合、遺言執行者として、相続財産管理人の選任申立てを必ず行わなければならないかということが問題となりうるところ、私見としては、遺言執行者は申立てを行う法的義務を負うものではないと考えます。

しかし、相続債権者がおり、相続財産管理人による清算手続を行わず、遺言執行だけを行った結果、当該相続債権者が相続財産からの弁済を受けることができなかったといった事態が生じた場合、遺言執行者として、損害賠償請求を受ける可能性も否定はできないように思われます。

そのため、基本的には、相続人不存在である場合は、遺言執行者としては、遺言執行を行う前提として、相続財産管理人の選任申立てを行うのが望ましいと考えます。特に、遺産の調査を行い、相続債権者がいることが明らかである、またはその蓋然性が高いと思われるような場合には、確実に行うべきと考えます。

Q23 共同遺言執行者

遺言執行履行補助業務の依頼の案件で、相続人のうちの二名が遺言執行者に指定されており、二名とも遺言執行者に就職して、共同で当行に依頼したいと希望しております。

そもそも、複数の者が共同で遺言執行者になることはできるのでしょうか。また、仮にできるとして、複数の遺言執行者から共同して遺言執行履行補助業務を受けることに問題はないでしょうか。

1 共同遺言執行者の可否

民法では、複数の者が共同で遺言執行者となることを否定する規定は存在せず、むしろ、複数の者が共同遺言執行者となる場合を想定した規定（1017条）もありますので、遺言において、複数の遺言執行者を指定し、実際に複数の者が共同で遺言執行者になることはできると考えられます。

遺言者が共同遺言執行者を指定しているかどうかは、遺言の解釈の問題となりますが、たとえば、遺産に含まれる不動産を売却してその代金を複数の相続人に相続させる旨の遺言において、不動産の売却に関して特定の不動産業者に媒介業務を依頼する指定があったとしても、当該不動産業者を共同遺言執行者に指定したとは解されないのが通常ではないかと思います。

他方で、遺言執行業務を遂行するにあたり必ず特定の第三者の同意を得て行うべき旨などが定められているような場合には、共同遺言執行者を指定したと解される場合もあると考えられます。

2 共同遺言執行者の業務執行

数人の遺言執行者がある場合、その任務の執行は、過半数で決することとされています（1017条１項本文）。ただし、遺言者がその遺言において別段の意思を表示したときは、その意思に従います（同項ただし書）。

すなわち、共同遺言執行者の権限については、遺言において遺言者の意思が明らかにされているときは、その意思に従うことになりますので、たとえば、遺言者が、過半数とは異なる多数決の方法を決めることもできると考えられますし、共同遺言執行者間で意見が一致しない場合には、特定の一人の意見に従うことを定めることも可能と考えられます。

また、必ず全員一致の意見に基づいて執行を行わなければならない旨を定めることもできるとも考えられますが、このような定め方をしてしまうと、共同遺言執行者の意見が一致しない限り遺言の実現ができなくなってしまうおそれもあるので、そのような定め方の有効性には否定的な考え方もありうるところでしょうし、少なくとも、現実には問題のある定め方なのではないかと考えます。

遺言者が共同遺言執行者の権限について特段の定めをしていない場合は、遺言執行は過半数で決することになりますので、たとえば、二名の共同遺言執行者が指定されているような場合は、執行方法について意見が一致しないと遺言の実現が困難になってしまうという問題があると考えられます。

3 違反の効果

過半数の同意を得ずに、共同遺言執行者の一部の者が対外的な執行行為を行った場合の効果については、民法上規定はなく、さまざまな考え方がありうるところです。対外的な行為が直ちに無効になるわけではないという見解もありうるところですが、少なくとも内部的には民法の規定に違反する行為となりますので、自らが共同遺言執行者に就職しているような場合には、当然、過半数の同意のない執行行為を行うことは避けるべきということになります。

4 単独でできる行為

1017条1項の規定にかかわらず、各遺言執行者は、保存行為は単独で行うことができます（同条2項）。保存行為とは、財産の現状を維持する行為を指すと考えられ、たとえば、損壊した家屋の修繕を行う行為や、不動産に不実の第三者名義の登記がある場合の抹消登記請求、第三者が不動産を不法占有している場合の妨害排除ないし明渡請求などは保存行為に該当すると考えられます。

財産の現状を維持する保存行為は、遺言執行者としてなすべき最低限の権限であると考えられますし、1017条2項の規定も、遺言者が別段の意思表示をしている場合にはそれに従う旨のただし書を含めた同条1項の規定にかかわらず各遺言執行者が行うことができると規定されていることから、遺言者によって制限することもできない権限であると考えられます。

5 複数の単独の遺言執行者の指定

遺言者は、複数の遺言執行者を指定したうえ、各遺言執行者の行う遺言事項の対象を限定することも可能と考えられます。この場合は、その対象となる遺言事項ごとに単独の遺言執行者を指定していると解され、共同遺言執行者の指定ではないと考えられる場合が多いのではないかと思います。

実務上も、信託銀行等が行う遺言執行引受予諾業務では、同族会社の株式や、家財道具を含めたその他いっさいの財産に関する遺言執行については、遺言執行の対象から除外し、それを取得する相続人を遺言執行者に指定する例も多くみられますが、これは共同遺言執行者を指定しているわけではなく、遺言事項ごとに、単独の遺言執行者を指定していると解するのが通常だと思います。

6 共同遺言執行者の責任

共同遺言執行者の責任について明文の規定はありませんが、共同して遺言執行を行うべき地位にあり、それについて善管注意義務を負いますので、その責任は連帯責任であると考えます。

したがって、たとえば、一方の遺言執行者の行った業務に善管注意義務違反があり、相続人その他の第三者に対して損害賠償義務を負うような場合には、他の遺言執行者も連帯して賠償義務を負うことになると考えます。

7 本件の留意点

遺言執行履行補助業務を行う場合、実際上は、金融機関側がイニシアティブをとってその業務にあたるのが通常ですが、理論的には、金融機関は自らが遺言執行者になるわけではなく、あくまでも、遺言執行者に就職した顧客からの委託でその補助業務を行うものです。

そのため、具体的な執行方法等について判断を要するような場合には、遺言執行者に指示を仰ぐ場合が生じえますが、共同遺言執行者からの遺言執行履行補助業務の委託である場合、遺言に別段の意思表示がなければ、過半数の意思に従う必要がありますので、二名の共同遺言執行者からの委託の場合、意見が割れてしまうと、履行補助業務の遂行も実現できなくなってしまうなどの問題が生じます。実際に、遺言執行の方法等について意見が割れるような事態が生じる可能性はあまり高くないとは思いますが、たとえば、株式等の日々価格変動があるものを含めた金融資産を換価したうえ金銭で配分する内容の遺言の場合、どのタイミングで金融資産を売却するかなどで意見が割れる可能性もあります。

したがって、基本的には、共同遺言執行者からの遺言執行履行補助業務は受託を回避するのが望ましいと考えます。本件の場合で、遺言執行履行補助業務を受けるのであれば、遺言執行者に指定されている二名のうち一名には就職を辞退してもらい、一名だけが遺言執行者に就職したうえ、その者から単独で遺言執行履行補助業務を受けるなどの対応が望ましいと考えます。

本件とは異なりますが、遺言執行引受予諾業務に関して、一部の相続人等と共同で遺言執行者になることを依頼された場合も、基本的にはそのような依頼は回避すべきと考えます。

すなわち、他の共同遺言執行者と意見が割れてしまった場合には、そもそも遺言の実現が困難となる事態が生じる可能性もあります。その点は、遺言者による別段の意思表示として、意見が割れたときは金融機関の意向に従うと定めることで回避できるかもしれませんが、共同遺言執行者は連帯責任を負うことから、自らが関知しないところで他の共同遺言執行者が善管注意義務違反となるような行為をした場合に、連帯債務を負う可能性も否定できません。したがって、共同遺言執行者の一名として遺言執行者になることを前提とした遺言執行引受予諾業務の受託は回避すべきと考えます。

第4章

遺産整理業務

Q1 遺産分割総論

遺産整理業務に取り組むにあたって、遺産分割の概要を教えてください。

1 総　　論

相続人が数人あるとき（共同相続の場合）は、相続財産は、共同相続人の共有に属します（898条）。この共有の状態を解消し、相続財産を構成する個別の財産の各共同相続人への帰属を確定させるためには、遺産分割の手続を経ることが必要です。

なお、すべての相続財産が相続させる遺言や遺贈の対象とされている場合は、相続財産に関する権利の移転は遺言の内容に従って処理されることになり、共同相続人間での共有は発生せず、したがって、この場合は遺産分割を行う必要がありません。金融機関のアドバイスにより遺言が作成される場合には、相続財産のすべてが遺言の対象とされるのが一般的ですので、遺言執行引受予諾業務の場合に遺産分割が問題になることは通常は想定されません。

2 遺産分割の当事者

共同相続人や、相続人と同一の権利義務を有する包括受遺者（990条）等が遺産分割の当事者となります。

前記第１項で述べたとおり、遺言によりすべての相続財産の権利の移転が行われる場合、遺産分割は不要ですが、相続財産の一部のみが遺言の対象とされ、かつ、遺産分割が必要な場合（たとえば、遺産の一部を処分して一定の金員を調達し、その金員を特定の者に遺贈する旨の遺言があるような場合）で、遺言執行者が指定されているときは、遺言執行者は遺産分割手続に当事者として参加することができると考えられています（通説）。

3 遺産分割の時期

共同相続人は、遺言により遺産の分割を禁止されている場合（907条１項、908条）または家庭裁判所が期間を定めて遺産分割を禁止した場合（907条３項）を除き、いつでも遺産分割をすることができます（907条１項）。

以上は、消滅時効の対象となるものではありませんので、相続の発生から時間が経過していたとしても、遺産分割をすることが可能です。

4 遺産分割の手続

遺産分割は、当事者間の合意に基づく方法（協議分割）か、あるいは、調停、審判の裁判手続により行われます。

協議分割による場合、共同相続人は自由に分割合意をすることができ、法定相続分や相続分の指定（902条）に反する分割や、遺言による分割方法の指定と異なる内容での分割も原則として有効です（第２章Ｑ９参照）。他方、相続人でない者が参加したり、共同相続人の一部を除外して行われた協議分割は無効となります。

相続人は、遺産分割の調停を家庭裁判所に申し立てることもできます（家事事件手続法244条、別表第２・12）。協議分割の場合と同様、遺産分割の当事者は、全員が申立人または相手方のいずれかになる必要があり、当事者の一部が除外された調停は無効です。遺産分割について、調停前置主義はとられていませんが、当事者が遺産分割の審判を申し立てた場合でも、裁判所は、職権により事件を家事調停に付することができます（家事事件手続法274条）。調停による遺産分割の場合も、協議分割の場合と同様、自由な分割合意が可能です。

遺産の分割について、共同相続人間で協議が調わないとき、または協議をすることができないときは、各共同相続人は、遺産の分割の審判を家庭裁判所に請求することができます（民法907条２項、家事事件手続法191条以下）。調停を経ない審判の申立ての場合、裁判所の職権により事件が調停に付されることがあることは上述のとおりです。遺産分割について調停が開始されたものの、調停が成立しなかったときは、調停の申立てがあった時に審判の申立てがあったものとみなされます（家事事件手続法272条４項）。審判による遺産分割の場合は、協議分割や調停の場合とは異なり、遺産分割の基準を定める民法906条や、後述する特別受益や寄与分を考慮した具体的相続分に従った分割がされる必要があります。

5 遺産分割の方法

遺産分割の方法としては、現物分割、換価分割、代償分割（共同相続人中の一人または数人が他の相続人より多額の財産を取得し、他の相続人に対して代償金の支払等を行う方法）、全面的価格賠償（特定の相続人が全部を取得して、他の共同相続人に対して代償金を支払う方法）の方法による分割があります。

協議分割や調停の場合に、どのような方法をとるか当事者の合意に委ねられることは、上述のとおりです。審判の場合でも、家庭裁判所は、遺産の換価を命ずる裁判（家事事件手続法194条）をしたり、債務を負担させる方法による遺産の分割（同法195条）の方法を選択することができることが定められており、換価分割や代償分割の方法による遺産分割が可能です。また、家庭裁判所は、遺産の分割の審判において、当事者に対し、金銭の支払、物の引渡し、登記義務の履行その他の給付を命ずることができます（同法196条）。

遺産分割は、遺産の一部についてのみすることもできます（民法907条１項）。一部分割の審判を申し立てることも可能ですが、遺産の一部分割により、他の共同相続人の利益を害するおそれがある場合には、一部分割は認められません（同条２項）。

6 特別受益

共同相続人中に被相続人からの遺贈または婚姻や生計の資本等としての贈与（特別の受益）を受けた相続人があるときは、その贈与の額を相続財産に回復させ、また、遺贈または贈与を受けた相続人についてはその額を差し引くことにより、共同相続人の具体的相続分が決定されます（903条１項）。

以上の贈与の額を相続財産に回復させることを特別受益の持戻しといいますが、被相続人は、この持戻しを免除する意思表示を行うことができ、この場合、特別受益を得た共同相続人がある場合でも相続財産への持戻しは行われません（同条３項）。なお、平成30年法律第72号による民法改正（相続法改正）により、婚姻期間が20年以上の夫婦の一方が他方に対してその居住用建物またはその敷地の遺贈または贈与をしたときは、持戻し免除の意思表示をしたと推定される規定が設けられています（同条４項）。

7 寄 与 分

共同相続人中に、一定の方法により被相続の財産の維持や増加について特別の寄与をした者があるときは、相続開始時点の財産から、共同相続人の協議または家庭裁判所が定める寄与分を控除したものを相続財産とみなし、具

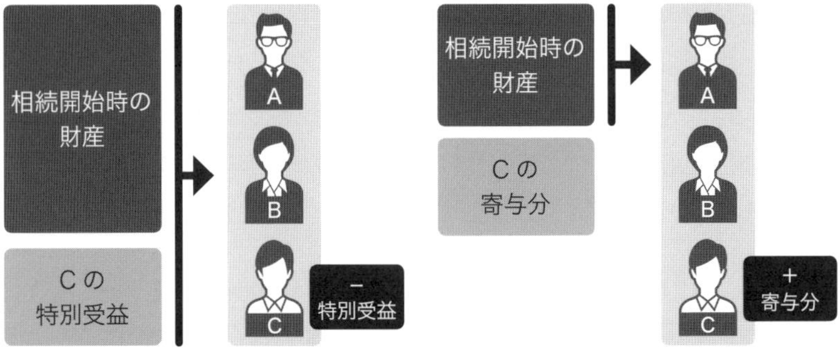

→A、Bの相続分が増える　　→A、Bの相続分が減る

※ いずれもA、B、Cの三名が共同相続人で、A、B、C間で遺産分割が行われる場合

図表４－１　特別受益に当たる贈与があった場合・寄与分がある場合のイメージ　出所：筆者作成

体的な相続分が決定されます（904条の２）。寄与分について、当事者間で協議が調わない場合は、家庭裁判所に対し寄与分を定める処分の調停や審判を申し立てることができ（家事事件手続法191条以下、244条、別表２・14）、家庭裁判所は、寄与の時期、方法および程度、相続財産の額その他いっさいの事情を考慮して、寄与分を定めます（民法904条の２第２項）。

寄与分の制度は、上記のとおり特別の寄与をした者は共同相続人であるのが原則で、たとえば、妻が夫の親の介護に従事した場合等に寄与分が認められることは容易でないなどの問題があったことから、相続法改正により、相続人でない親族であっても、無償で、被相続人の財産の維持または増加について特別の寄与をした者（特別寄与者）に当たる場合は、特別寄与者は、相続人に対し特別寄与者の寄与に応じた額の金銭（特別寄与料）の支払を請求することができる制度が新設されています（1050条）。

Q2 一部の相続人からの遺産の引渡請求

遺産整理業務を受託している案件で、遺産整理業務の受任者である当行は、すでに遺産に含まれる預金をすべて解約のうえ払戻しを受けて保管中ですが、その後相続人間で遺産分割協議をめぐって対立が生じてしまい、一部の相続人から、当行で保管中の金銭について、法定相続分に応じた支払を求められていますが、これに応じる必要はありますか。

また、一人の相続人の債権者から、当行で保管中の金銭の法定相続分相当額について、差押えがなされたのですが、当該債権者にはその支払に応じる必要がありますか。

1 委任者の受任者に対する受取物の引渡請求

遺産整理業務に係る契約は委任ないし準委任契約であると解されるところ、受任者は、委任事務を処理するにあたって受け取った金銭その他の物を委任者に引き渡さなければなりません（646条）。

遺産整理業務では、遺産を調査して、相続人間の遺産分割協議に従って、名義変更や換金をしたうえで相続人に配分する手続を行いますが、預貯金に関しては、通常は、受任者がまとめて払戻しを受けたうえ、遺産分割協議に従って各相続人に配分するという方法で委任事務を行うことが多いかと思います。

遺産分割協議が調った後に預貯金の払戻しを受ければ特段問題ありませんが、なんらかの事情で、遺産分割協議が円満に成立するだろうとの見込みのもと先に預貯金の払戻しを受けたものの、相続人間で遺産分割をめぐって紛争となってしまい、遺産分割協議が成立しないという事態も生じえます。それでも、調停または審判手続を行って最終的に遺産分割が成立し、その間遺産整理受任者が資金を保管していることに相続人全員が異議なければ、(その間資金を保管し続けなければならないことになりますが) 大きな問題とはなりませんが、一部の相続人から、たとえば相続税の納税資金が必要であるなど資金需要があり、金銭の一部を支払うよう請求されることが考えられます。

2 一部の委任者からの請求の可否

しかし、遺産整理業務においては、通常、相続人は複数おり、その全員と契約を締結しているため、複数の委任者がいることが想定されます。一部の委任者からの引渡請求では、いかなる範囲で応じるべきか直ちには判然としませんし、受任者が換金した遺産については遺産分割協議に基づき各相続人に配分すること等を委任事務とする遺産整理業務に係る委任契約の性質から、遺産分割協議が成立しない限り、一部の委任者が他の委任者全員の同意を得ることなく一部または全部の遺産の引渡しを請求することはできないと解するのが、委任契約締結時の当事者の合理的意思解釈として妥当と考えます。

また、受任者が換金して保管しているのが預貯金である場合、預貯金は、相続開始に伴って当然に分割されることなく、遺産分割の対象となると解されており (最大決平成28年12月19日民集70巻 8 号2121頁)、原則として、遺産分割前に各相続人が単独で一部または全部の払戻しを受けることはできないと解されることからも、そのような預貯金の払戻しを受けて保管中の金銭について、一部の委任者からの、遺産の一部または全部の引渡請求を認めるのは相当ではないと考えます。

遺産整理受任者が保管中の金銭のなかに、遺産たる株式、投資信託、債権を換金した金銭が含まれているとしても、これらの資産も相続開始に伴って法定相続分に応じて当然に分割されるものではなく、遺産分割の対象になると考えられますので、同様です。

3 代表相続人からの引渡請求の可否

遺産整理業務に係る委任契約においては、相続人とのやりとりを常にすべての相続人と行うことは煩雑であることから、相続人の代表を一人定めて、書類の授受、手続の方針確認等を行うこととしている場合もあろうかと思います。

そのような定めがある場合であっても、私見としては、遺産分割協議に基づくことなく遺産そのものを代表相続人に引き渡すことまでを予定した規定と解するのは適当ではなく、代表相続人からの請求であっても、遺産分割成立前に保管中の遺産の一部または全部の引渡しは応じるべきではないと考えます。

委任契約が途中で解約等により終了する場合を想定して、明確に、遺産分割未了であっても、代表相続人に保管中の遺産を引き渡すことを契約で定めることも考えられます。このように、明確な合意がある以上は、当該代表相続人から保管中の遺産の引渡しを求められた場合、理論的には応じざるをえないと思われるものの、遺産の現実の引渡しは、遺産整理業務において最も重要な業務の一つであり、万が一、遺産を受け取った代表相続人が私的に費消してしまった場合、他の相続人は、その後に適法に成立した遺産分割に従った遺産の現実の取得が困難あるいは事実上不可能となるおそれもありますので、実際の引渡しには慎重な判断が必要と考えます。

4 相続人の債権者からの差押えがされた場合

相続人に債権を有する債権者が、遺産整理受任者として預貯金の払戻金を保管中、相続人間で遺産分割協議が成立する前に、相続人の遺産整理受任者に対する引渡請求権を差し押さえることが考えられます。通常、相続が発生して遺産を取得する見込みがあることや、遺産整理業務を金融機関に委任して当該金融機関が遺産を保管中であることまで把握することは困難であり、一般債権者が差押えをする可能性は現実には低いと思われますが、税金（特に相続税）の滞納がある場合、税務署等が法令に基づく調査権限等を行使して、そのような状況を把握して、差押えをする可能性は考えられます。

遺産整理業務に係る委任契約の委任者は、受任者が保管する遺産の引渡請求権について、遺産分割が成立するまではこれを準共有していると解するのが相当と考えますので、債権者としては、準共有持分を差し押さえることは可能と考えます。

しかし、各相続人が引渡しを求めることができる具体的な金額は相続人間の遺産分割協議によって決まるため、差押債権者としても具体的に請求できる金額が確定できないため、直ちに現実に金銭を取り立てることはできないのではないかと考えます。

他方、遺産整理受任者が保管中の遺産は通常は預貯金の払戻金であるところ、遺産に含まれる預貯金そのものについて遺産分割成立前に特定の相続人の債権者が差押えをした場合、差押債権者が法定相続分に応じた金額について直ちに取立てができるのであれば、遺産整理受任者に対する引渡請求権になっているとしても、法定相続分に応じた取立てができると解する余地もありそうです。

前記最大決平成28年12月19日以前は、預貯金債権は、相続開始に伴って法定相続人に応じて当然に分割されると解されており、特定の相続人の債権者が差押えをすれば、法定相続分に応じた取立てができたと考えられます。

しかし、同決定で預貯金債権も遺産分割が必要となったことにより、特定の相続人の債権者としては、当該相続人の有する共有持分の差押えはできると考えられますが、実際に差押債権者としてその支払を受けるためにどのような手続が必要となるかは、今後の議論や判例の集積が待たれるところです。

この点、遺産分割による権利の承継については、法定相続分を超える分は対抗要件を備えなければ第三者に対抗できないこと（899条の2第1項）との関係から、遺産分割をして対抗要件が具備される前にされた差押えであれば、少なくとも法定相続分の範囲では直ちに取立てができると考える余地もありそうです。しかし、現実に支払を受けるためには、遺産共有となっている遺産に関する各相続人間の遺産分割協議を待つか、共有物分割等の手続が必要となるのではないかと考えます。いずれにしても、預貯金債権の準共有持分を差し押さえたとしても、直ちに法定相続分に応じた金額の取立てをすることはできないと考えます。

したがって、遺産整理受任者に対する引渡請求権についても、一部の相続人の準共有持分を差し押さえたとしても、直ちに取立てを行うことができるものではないと考えます。

差押債権者として現実の取立てのためにどのような手続をとるべきかは、遺産整理受任者に対する債権という点も考慮すると非常にむずかしい問題ですが、いずれにしても、遺産整理受任者としては、原則として、相続人間で遺産分割協議が成立し、差押債権者もその内容を了承しているなど、相続人全員および差押債権者の同意のもとで、支払に応じるのが確実であると考えます。

なお、預貯金債権または受任者に対する引渡請求権のいずれについても、相続人全員に対して債権を有する債権者の場合であれば、相続人全員の準共有持分を差し押さえることにより、直ちに取立てが可能となると考えることはできるように思われます。

5 本件の留意点

遺産整理受任者として、遺産たる預金の払戻しを受けて保管する金銭について、遺産分割協議が成立する前に、委任者（相続人）の一部から、その引渡しを求められたとしても、他の相続人全員の了解が得られない限り、法定相続分の範囲であっても支払に応じるべきではないと考えます。

また、一部の相続人に対して債権を有する債権者から、遺産整理受任者に対する金銭の引渡請求権の準共有持分に対する差押えがされたとしても、直ちに取立てに応じるべきではなく、原則として、相続人全員および当該差押債権者の同意のもとで支払に応じるべきと考えます。

Q3 遺産分割と詐害行為

当行が遺産整理業務を受託した被相続人Ａの遺産に関する遺産分割について、Ａの相続人は妻Ｂと子Ｃ、Ｄの三名ですが、Ｂらは、Ｂに多額の借入債務があることから、Ａの遺産のうち金額的に大きな割合を占める甲不動産について、Ｂはその持分を取得しないものとし、ＣとＤがそれぞれ２分の１ずつの割合で所有権を取得する方法の遺産分割をすることを希望しているようです。

Ｂに多額の債務があることが気になっているのですが、このような方法による遺産分割をすることについて、何か問題はないでしょうか。

1 詐害行為取消権

債権者は、債務者が債権者を害することを知ってした行為の取消しを裁判所に請求することができます（424条１項）。これを、詐害行為取消請求といい、債権者が詐害行為取消請求をすることができる権利を詐害行為取消権といいます。

詐害行為取消権が行使される典型的な場面としては、多額の借金を抱えた債務者が、ほかにみるべき資産がないにもかかわらず、その所有する不動産を妻に対し贈与してしまい、その結果、債務者自身が無資力になるような例があげられます（債務者が無資力であることは、詐害行為取消権行使の要件であると解されています）。このような贈与は、債務者の責任財産（一般債権者の債権の引当となる、担保の目的となっていない財産）を減少させ、債権者による債権の回収を困難にするものであることから、債権者には、詐害行為取消請求によってこの贈与を取り消し、債務者の責任財産の保全を図ることが認められています。

詐害行為取消請求の対象となる「行為」には、以上の例でいう贈与その他の契約等の法律行為のほか、時効の更新の事由としての債務の承認（152条）や法定追認の効果を生じる行為（125条）が含まれると解されています。他方、「財産権を目的としない行為」について詐害行為取消請求をすることはできません（424条２項）。どのような場合に、だれに対し詐害行為取消請求を行うことができるか、また、詐害行為取消請求の効果がどのようなものであるかについてはさまざま見解の対立があり、これに対する判例法理が集積されてきていたところ、平成29年法律第44号による民法改正（債権法改正）により、詐害行為取消権について従来の判例法理をふまえた改正が行われています（424～425条の４）。

2 「財産権を目的としない行為」

前記のとおり、「財産権を目的としない行為」については詐害行為取消請求の対象となりません。「財産権を目的としない行為」の典型は、家族法上の行為で、具体的には婚姻、離婚、養子縁組、相続の承認・放棄等があります。

以上との関係で、離婚に伴う財産分与（768条）が詐害行為取消請求の対象となるか否かが争われた判例があります（最判昭和58年12月19日民集37巻10号1532頁）。この判例では、財産分与は原則として詐害行為取消請求の対象とはならないものの、「規定（筆者注：768条）の趣旨に反して不相当に過大であり、財産分与に仮託してされた財産処分であると認めるに足りるような特段の事情」がある場合には、取消しの対象となることを認めています。

3 遺産分割は詐害行為取消請求の対象となるか

では、遺産分割についてはどうでしょうか。この点について、判例（最判平成11年６月11日民集53巻５号898頁）は、遺産分割協議は、相続の開始によって共同相続人の共有となった相続財産の帰属を確定させるものであり、その性質上、財産権を目的とする法律行為であるということができるとし、遺産分割協議が詐害行為取消請求の対象となることを認めています。

したがって、その内容次第では、遺産分割協議は債権者による詐害行為取消請求の対象となることに注意が必要です。遺産分割協議が詐害行為となるか否かは、債務者が無資力になるか、債務者（相続人）が債権者を害することを知っていたか、詐害行為によって利益を受けた者（他の相続人）がその行為の時において債権者を害することを知っていたか等の要件を満たすものであるか否かの観点から判断されることになります。

4 本件の留意点

本件では、Ｂに多額の借入債務があり、また、Ｂの法定相続割合は２分の１であるにもかかわらず、Ａの主要な遺産である甲不動産をＣ、Ｄが取得する内容の遺産分割をしたいというのが相続人であるＢらの希望です。しかし、このような希望をそのまま反映させる遺産分割は、Ｂの債権者の立場からすれば、その責任財産の減少にほかならず、したがって、債権者から詐害行為取消請求がされるおそれがあると考えられます。Ｂの債権者が詐害行為取消権を行使することができるか否かは、Ｂの借入金債務の内容、Ｂにその他財産があるか、そもそも、Ｂらがどのような認識で以上のような方法による遺産分割を希望するのか等を総合的に考慮し、判断することになります。そのため、相続人の具体的な資産の内容や、その主観的な認識等を確認する必要があり、その判断は容易ではありませんが、金融機関として、詐害行為に該当しかねない遺産分割に関与することは必ずしも適当でないと考えられるところでもあり、本件では、当該内容での遺産分割がはたして妥当か、金融機関としてどこまでかかわるべきか（遺産整理業務の打ち切りを検討すべきか）について、慎重な検討が必要と考えられます。

Q4 未成年者または被後見人と遺産分割

遺産整理業務の相談で、相続人は、被相続人の妻および子三名で、子のうち一名が未成年者です。未成年者の親権者は被相続人が亡くなったことにより妻だけとなっています。

このような関係の相続人から遺産整理業務を受任するにあたり、注意すべきことはありますか。

また、相続人のなかに、被後見人と後見人がいる場合はどうでしょうか。

1 未成年者と親権

未成年者は、単に権利を得または義務を免れる法律行為を除き、法律行為を行うためには、法定代理人の同意が必要とされ（5条1項）、これに反する法律行為は取り消すことができます（同条2項）。また、親権者は、子の財産を管理し、かつ、その財産に関する法律行為について子を代表するため(824条)、親権者は、法定代理人として、未成年者を代理して法律行為を行うことができます。

親権は、父母が婚姻中で両者が親権者である場合、原則として、共同して行使する必要があります（818条3項）。

2 親権と利益相反行為

親権を行う父または母とその子との利益が相反する行為については、親権を行う者は、その子のために特別代理人の選任を家庭裁判所に請求しなければならず（826条１項）、当該法律行為については、特別代理人が未成年者の代理人として法律行為を行うことになります。

親権者は、法定代理人として法律行為を行うにあたっては、未成年者のために行動すべきですが、対象となる法律行為が、親権者自身と利益が相反する内容のものである場合、親権者が自らの利益を図るために、未成年者の不利益となる行為を行ってしまうなど公正な親権行使が期待できないため、特別の代理人を選任して当該法律行為を行わせようというものです。

利益相反行為に該当するかどうかの判断基準については、当該行為自体を外形的客観的に考察して判断すべきであり、親権者の動機・意図をもって判断すべきではないとするのが判例です（最判昭和42年４月18日民集21巻３号671頁）。外形的客観的にみて親権者と未成年者の利益が相反するおそれのある行為については利益相反行為に該当するのであり、個別具体的な事情のもとでは未成年者の不利益になっていないからといって利益相反行為に該当しないということはできないということになると考えられます。

3 遺産分割協議と利益相反行為

遺産分割協議は、相続人間で対象となる遺産を分け合うものであり、特定の相続人が取得する遺産が増えれば、他の相続人の取得する遺産が減るという関係にありますので、親権者の意図やその行為の現実の結果のいかんにかかわらず、利益相反行為に該当すると考えられます（最判昭和48年４月24日家月25巻９号80頁）。

したがって、当事者に未成年者とその親権者が含まれる場合の遺産分割協議では、未成年者について特別代理人を選任し、当該特別代理人が未成年者の代理人として行う必要があります。実際に合意しようとしている遺産分割協議の具体的内容が、未成年者に有利な内容であり、未成年者の利益が害されることがないものであっても、遺産分割協議は利益相反行為に該当すると解されているため、特別代理人を選任する必要があります。

なお、前記のとおり、父および母が婚姻中の親権は共同行使が原則ですが、父または母いずれかと未成年者の利益が相反する行為を行う場合は、利益が相反することとなる親権者について特別代理人を選任する必要があり、当該特別代理人と他方の親権者が共同して未成年者のための法律行為を行うべきと解されています（最判昭和35年２月25日民集14巻２号279頁）。

また、複数の未成年者に対して親権を行う場合、そのうちの一名の未成年者と他の未成年者との利益が相反する行為については、親権者は、その一方のために特別代理人を選任する必要があります。たとえば、亡夫の兄弟を被相続人とする相続で、代襲相続人である二名の子（未成年者）が当事者となって他の相続人と遺産分割協議を行う必要がある場合、親権者自身は当事者ではなくても、未成年者同士で利益が相反することになるため、双方の代理人として遺産分割協議を行うことはできず、一方については、特別代理人を選任する必要があります。

4 被後見人がいる場合の遺産分割

被後見人の法律行為は、日用品の購入その他日常生活に関する行為を除き、取り消しうるものとされており（９条）、後見人が、被後見人の財産を管理し、かつ、その財産に関する法律行為について被後見人を代表するため（859条１項）、被後見人の法律行為は、後見人が法定代理人として行うことになります。

未成年者と親権者の場合と同様に、被後見人と後見人の利益が相反する法律行為を行う場合、後見人に公正な権限行使を期待できないことから、特別代理人を選任する必要があります（860、826条）。ただし、後見人の場合は、後見監督人が選任されている場合は、被後見人と後見人の利益が相反する法律行為は、後見監督人が被後見人を代理して行うため、特別代理人の選任は不要となります。

利益相反行為に該当するかどうかの判断基準の考え方は、未成年者と親権者の場合と同様であり、被後見人と後見人が当事者となって行う遺産分割協議は利益相反行為に該当すると解されます。

したがって、相続人のなかに被後見人とその後見人がいる場合において遺産分割協議を行う場合には、被後見人について特別代理人を選任する必要があります。

5 本件の留意点

遺産分割協議を行う当事者に未成年者の子とその親権者である母が含まれているため、遺産分割協議を行うためには未成年者の子を代理する特別代理人の選任を家庭裁判所に請求する必要があります。

遺産分割協議を行うために特別代理人の選任を請求する場合、合意する見込みの遺産分割協議の内容を固めたうえで行うのが一般的です。家庭裁判所としては、予定されている具体的な遺産分割協議の内容が、未成年者の法定相続分や実際の財産状況、生活状況等に照らして不利益な内容になっていないかどうかのチェックも行い、未成年者にとって不利益な内容であると考えられる場合には、遺産分割協議の成立を認めないことも考えられます。

したがって、遺産整理業務の受任を検討するにあたっては、まず、特別代理人の選任が必要であること、具体的な遺産分割協議の内容は客観的にみて未成年者に不利益な内容でないことが求められるため、これらの点について顧客に十分に説明のうえ理解してもらう必要があります。さらに、具体的に遺産整理業務を進める過程でトラブルとならないかを十分に見極めたうえで受任の可否を検討する必要があります。遺産整理業務の受任前の段階では、そもそもどのような遺産があるかわからない場合もありえますが、その場合には、より慎重な検討が必要となるでしょう。

なお、相続人に被後見人と後見人がいる場合も同様です。

第5章

その他

Q1 相続人からの問合せ等への対応

先般、遺言執行引受予諾業務を受託した顧客が亡くなったのですが、相続人間で遺言の有効性をめぐって双方弁護士を就けて争っているため、遺言執行者への就職は辞退しました。その後、一部の相続人から遺言作成時の経緯について問合せを受けているのですが、回答すべきでしょうか。

また、遺言無効の訴えが提起されて相続人間で訴訟になった場合、裁判所から、当行行員に対する証人としての出頭要請があることが想定されますが、これに対する対応について教えてください。

1 相続人からの問合せへの対応の可否

遺言執行引受予諾業務を受託し相続が発生した場合において、相続人間に紛争があるなどの事情により、就職を辞退した場合、遺言作成時の経緯等について相続人から問合せを受けることも少なくないと思います。特に、相続人間において、遺言作成時に遺言能力がないことを理由とした遺言の有効性をめぐる争いがある場合には、遺言作成時の経緯が重要になるため、事実関係等について問合せを受けることもあるでしょう。

遺言者の生前は、推定相続人であっても、遺言者との契約関係に関する事項は、守秘義務の観点から、遺言者本人の同意がなければ開示することはできないと考えられます。

他方で、遺言執行引受予諾契約は、委任ないし準委任契約であると解され、委任契約は委任者の死亡によって終了するのが原則（653条１号）です。しかし、そもそも、遺言執行引受予諾契約は、主として相続開始後に遺言執行業務を行うことを内容とする契約であることから、その性質上委任者の死亡により終了すると解するのは適当でないと思われ、遺言執行者への就職を辞退した時または遺言執行者へ就職して遺言執行業務を完了した時まで契約は有効に存続しており、その範囲で相続人が遺言者の委任者としての地位を承継していると解することができると思われます。仮に、遺言者の死亡によって契約は終了する、あるいは、遺言執行者への就職を辞退した時または遺言執行者へ就職して遺言執行業務を完了した時まで契約は有効に存続するとしても、相続人が委任者の地位を承継するものではないと考えるにしろ、相続人であれば、被相続人が生前に行った契約等の内容について知ることは認める必要があると思いますし、少なくとも守秘義務に反するものではないと考えられます。また、金融機関としても、遺言が遺言能力を欠き無効であるなどと判断されてしまうと、自らが行った業務に債務不履行があったなどと主張されるおそれも出てきてしまいますので、適正に業務が行われ、遺言が有効に作成されていることを明らかにしておくという意味でも、原則として認識している事実経緯は明らかにするのが望ましいと考えます。

したがって、相続人の一部から遺言作成当時の経緯を明らかにするよう求められたときは、原則としてこれに応じるのが望ましいと考えます。

2 具体的な対応方法

経緯を明らかにするにあたっては、まずは、遺言者その他の関係者とのやりとりを記録した業務記録等を精査するとともに、当時の担当者等へ十分なヒアリングを行い、当時の事実経緯を確定する必要があります。

内部の業務記録等そのものの開示を求められる場合もあるかもしれませんが、事案に応じて、業務記録等そのものを開示するのが望ましいと考えられる場合にそのように対応することは問題ないものの、原則として、業務記録等そのものの開示に応じる必要はないと考えます。

ただし、後に相続人間の訴訟や自らが当事者として訴訟を提起されたような場合に、業務記録等を証拠として提出する場合もありえますので、当然のことではありますが、相続人への回答にあたっては、内部の業務記録等と矛盾を生じることのないよう注意が必要です。

また、対立している相続人双方から問合せを受ける場合も想定されるところ、双方が明らかにしたいと考える事実は相いれないものであり、同じ事柄について違った角度からの質問がされることなども想定されます。

これに対しては、金融機関としては、基本的に、同じ相続人という立場にあるため、同様に取り扱う必要があると思いますので、自らが認識している事実と異なる回答は避けなければならないことはもとより、相続人それぞれに対する回答内容が矛盾する内容とならないように注意が必要です。また、当該相続人固有の事情と考えられるなどの特段の事情がない限り、回答を求められている複数の相続人との関係において、一部の相続人には回答するが、他の相続人には回答しないという対応は避けるべきと考えます。

3 証人として出頭要請があった場合の対応

遺言能力の欠如を理由として遺言の無効を主張して訴訟となった場合、金融機関が遺言作成に関与していれば、当時の事実関係を明らかにすべく、金融機関の担当者が証人として出頭要請を受ける場合も想定されます。

裁判所から証人として出頭要請を受けた場合、これに応じる必要があり、証人が正当な理由なく出頭しないときは、裁判所は、これによって生じた訴訟費用の負担を命じ、かつ、10万円以下の過料に処するとされている（民事訴訟法192条）ほか、刑事罰として、10万円以下の罰金もしくは拘留に処せられまたはそれらが併科される可能性があります（同法193条）。さらに、裁判所は正当な理由なく出頭しない証人の勾引を命ずることもできます（同法194条）ので、証人としての出頭要請を受けた場合は、これに応じなければなりません。

証人は、証言の内容が、自分自身や、配偶者、四親等内の血族もしくは三親等の姻族の関係にあり、またはあった者、後見人と被後見人の関係にある者が刑事訴追を受け、または有罪判決を受けるおそれがある事項に関するときや、これら者の名誉を害すべき事項に関するとき、技術または職業の秘密に関する事項について尋問を受ける場合などには、証言を拒絶することができます（同法196、197条）。

他方で、証人が自らの記憶・認識と異なる虚偽の陳述をすると、偽証罪（刑法169条）に問われる可能性もありますので、注意が必要です。

通常は、金融機関の相続関連業務に関して証人となる場合において、自らや一定の親族の犯罪に関する事項等について証言を求められるような事態は想定しがたいですので、基本的に、自らが認識している事実をありのまま証言することが肝要です。

Q2 報酬等の回収方法

遺産整理業務や遺言執行引受予諾業務において、理由のないクレームをいわれ報酬を支払ってもらえない可能性がある場合等もあるため、報酬を確実に回収するため、保管している相続人等に対して引き渡すべき相続財産から報酬を差し引くことはできますか。

また、相続財産を引き渡した後に報酬を請求したが支払ってもらえない場合について、報酬を回収するための手段について教えてください。

1 遺言執行業務における報酬の控除

遺言執行者は、報酬を請求することができ、家庭裁判所が、相続財産の状況その他の事情によって定めることとされていますが、遺言者が遺言で定めることもできます（1018条1項）。金融機関が行う遺言執行引受予諾業務では、遺言者との間の契約に基づき遺言で報酬について定めておくのが通常かと思います。

遺言において、遺言執行者の権限として、相続財産から遺言執行報酬を控除できる旨を定めることもできると考えられ、かかる定めがあれば、遺言に従って相続人等に引き渡すべき相続財産から遺言執行報酬を控除することができると考えられます。金融機関が遺言執行引受予諾業務を受けている遺言では、遺言執行報酬を負担すべき相続人等を定めておくのが通常かと思いますが、その場合には、当該相続人等が引渡しを受ける財産から控除することになります。

遺言執行報酬は、民法上は、遺言執行業務を履行した後でなければ請求できず（1018条２項、648条２項）、相続財産の負担とされています（1021条）。遺言において報酬を控除できる旨の定めがない場合、報酬の後払いを厳格に考えると、遺言に従った相続財産の引渡しがすべて完了しないと報酬は請求できず、したがって、相続財産から控除できないとも考えられそうです。しかし、私見としては、1021条の規定は相続財産から控除することを認める趣旨を含むと考えるため、少なくとも、相続財産目録の作成・交付が完了し、不動産登記等の対抗要件具備、名義変更を行う財産については名義変更を行い、相続財産の引渡しに必要な準備が調った状況で、遺言執行報酬相当額を除き相続財産の引渡しを現に行うのであれば、相続財産から遺言執行報酬を控除することは認められるべきと考えます。

遺言執行報酬を負担する者が遺言で定められていれば、当該負担者が引渡しを受ける財産から控除することになりますが、負担者の定めがない場合には、具体的な遺言の内容や相続財産の内容に応じた検討が必要です。

2 遺産整理業務における報酬の控除

遺産整理業務に係る契約は、委任ないし準委任契約であると考えられ、民法上は無償が原則ですが、報酬の定めをすることもでき（648条１項）、金融機関が行う遺産整理業務契約では、報酬の定めをするのが通常かと思います。

報酬の支払方法について合意により定めることもできると考えられますので、遺産整理業務の委任契約において相続人間で行われた遺産分割協議に基づき遺産を引き渡す際に報酬を差し引くことができる旨を定めておけば、遺産から差し引くことができると考えられます。

報酬の支払方法・時期について特に合意がない場合、民法上は、委任契約における報酬は、委任事務を履行した後でなければ請求できないこととされているため（同条２項）、これを厳格に解すると、遺産分割協議に基づく遺産の引渡しがすべて完了しないと委任事務の履行が完了しておらず、遺産から報酬を差し引くことはできないとも考えられます。しかし、私見としては、遺産の調査、目録の作成、遺産分割協議書作成の補助等の遺産の引渡し以外の業務が完了し、遺産の引渡しの準備も調えたうえ、報酬相当額以外の遺産を現に引き渡すのであれば、委任事務を履行したと評価すべきであり、遺産に含まれる金銭の支払請求権と報酬請求権を相殺する方法により、遺産から控除することが認められるべきと考えます。

ただし、遺産全部の引渡しが完了する前に報酬を請求することができるかや、請求できるとしても、遺産の引渡義務と同時履行の関係となり、同時履行の抗弁権が付着していることから、金融機関側からの相殺は認められないといった考え方もありうるところですので、個別に同意を得ずに問題なく遺産から報酬を差し引くことができるようにしておくためには、遺産整理業務に係る委任契約においてあらかじめその旨定めておくのが望ましいと考えます。

また、金融機関側として報酬を請求する相手も明確でないと、相続人のうちだれが取得する遺産から差し引くべきか判断できない場合も生じうるので、請求の相手もあらかじめ定めておくのが望ましいと考えます。

3 法的手続等による回収

さまざまな事情で、遺産をすべて引き渡した後に報酬を請求したところ、支払がされないという場合もありうるかと思います。

そのような場合、まずは、内容証明郵便による請求書を送付する方法や、弁護士に委任をして弁護士が代理人として請求する方法等が考えられます。これらの方法は、直ちになんらかの法的効果が生じるものではありませんが、一般的にこれに応じなければ法的手続を申し立てるといった意味合いで行う場合が多いため、一定の範囲で任意の支払を促す効果があると思います。

それでも任意の支払に応じない場合には、実際に以下のような法的手続を申し立てることが考えられます。

（1）支払督促

金銭その他の代替物または有価証券の一定の数量の給付を目的とする請求に関して申し立てることができる手続で、裁判所書記官が発するものです（民事訴訟法382条本文）。債務者を審尋することなく、債権者側の申立てだけで、形式的な要件を満たしていれば、権利の有無に関する審理は行われずに発令されます。債務者は支払督促の送達を受けた時から2週間以内に異議申立てができ、有効な異議申立てがなければ、債権者の申立てにより裁判所書記官は、仮執行宣言を付した支払督促を発付します。債務者は、仮執行宣言が付された支払督促の送達を受けた時から2週間以内に異議申立てをすることができ、この期間に有効な異議申立てがなければ、支払督促は確定判決と同一の効力を有することとなり（これら確定判決や確定判決と同一の効力を有する強制執行を行う根拠となるものを債務名義と呼びます）、これに基づいて強制執行が可能となります。裁判所に納める手数料（印紙代）は通常訴訟を提起する場合の半分となっています。

ただし、支払督促は、日本において公示送達によることなく債務者に支払督促が送達できる必要があります（同条ただし書）。また、債権者側の申立てだけで発付されることから、債務者としては、上記のとおり一定の期間内に異議申立てができ、異議申立てがされると、通常訴訟に移行することになります。

相手方の所在がわかっており、報酬請求権の存否や金額に争いがあるわけではなく異議申立てがされる可能性は低いと考えられるのであれば、支払督促は、印紙代が半分ですみ、早期に強制執行が可能となるというメリットがあるため、支払督促申立てを行うことが考えられます。

しかし、債務者から異議申立てがされれば、通常訴訟に移行し、その段階で追加の印紙代を収める必要がありますし、支払督促は債務者の住所地を管轄する簡易裁判所の裁判所書記官に申し立てる必要があり、支払督促から通常訴訟に移行すると、同じ管轄の簡易裁判所または地方裁判所に事件が係属することになりますので、注意が必要です。また、後記（3）の訴訟手続でも、相手がこちらの請求をいっさい争わなければ、訴訟提起から2カ月前後で判決が言い渡される場合もありうるため、必ずしも支払督促のほうが確実かつ大幅に早期に債務名義を取得できるわけではありません。

（2）民事調停手続

民事に関する紛争について、調停主任（裁判官または弁護士のうちで一定の要件のもとで最高裁判所に任命された民事調停官が就任します）一人および民事調停委員（弁護士その他の有識者等が就任します）二人以上で組織される調停委員会によって、原則として、当事者の合意による解決を目指す手続です。調停が成立すると裁判所において調停調書が作成され、これには確定判決と同一の効力が認められますが、あくまでも話合いによる解決を目指す手続ですので、原則として、当事者に合意が成立しなければ調停は成立せず、紛争解決には至りません。

こちらにも落ち度があるなどの事情で話合いにより柔軟な解決を図りたいといった事情がある場合や、報酬請求以外にも解決したい事項があるような場合には調停手続も検討する余地があると考えます。

（3）訴訟手続

訴えを提起して、裁判所の判決による終局的な解決を目指す手続です。

裁判所の訴訟指揮のもと、争点を整理しながら当事者が主張・立証を尽くし、最終的には判決による終局的な解決を目指しますが、審理の途中で、和解による解決を試みることも多くあります。

前記のとおり、被告となる者がいっさい請求を争わなければ、早期に判決となることもありますが、当事者間に争いがあれば、第1審判決までに1年以上の期間を要することもしばしばあります。

（4）強制執行手続

支払督促、調停、訴訟等により債務名義を取得したとしても、なお相手方が支払に応じない場合、債権の回収を実現するためには、債務名義に基づいて、相手方の財産について強制執行の申立てを行う必要があります。具体的には、たとえば不動産の競売、預貯金や給与、株式の差押え等が考えられます。

（5）保全手続

債務名義を取得して強制執行の申立てを行う段階で、相手方がもともと有していた財産を処分してしまっていると、強制執行手続ができなくなってしまいます。このような事態を避け、権利の実現を保全するために、訴訟手続等の法的手続を申し立てる前または法的手続と並行して保全命令の申立てを行うことが考えられます。具体的には、金銭債権を保全するための保全処分としては、たとえば、不動産や預貯金の仮差押えの申立てをすることが考えられます。

仮差押命令は、原則として、債権者側の主張だけで発令されますので、被保全権利および保全の必要性を疎明する必要があるほか、裁判所が定める一定の担保を立てる必要があります。

（6）小　　括

基本的に金融機関の行う相続関連業務に関して報酬請求を行う相手方は、資力がないために支払えないということは少ないと考えられ、多くの場合は、相手方にも報酬請求の一部または全部が認められないと考える主張等がある場合が多いと思われますので、支払督促を選択すべきと考えられる事案は少なく、法的手続を行うのであれば、最初から通常訴訟を提起するのが望ましいケースが多いのではないかと思います。

Q3 金銭債務の相続

当行が遺言執行者に指定された被相続人Ａの遺言では、相続人である子らＢ、Ｃ、Ｄのうち、Ｂに対しすべての遺産を相続させる旨が定められています。

ところで、Ａには、知人Ｅからの1,800万円の借入金があったところ、Ａの相続発生後、Ｅから、Ｃ、Ｄに対しそれぞれ600万円を支払うよう通知する書面が届いたとのことで、Ｃ、Ｄからは、これに対しどのように対応すべきか、相談を受けています。なお、Ａの遺産は甲不動産と乙不動産を主な内容とするもので、直ちに換金可能なものではありません。また、Ｂ自身、1,800万円全額を支払うだけの金融資産はない状況であるようです。

1 金銭債務の相続

被相続人の負担していた金銭債務のうち、可分債務であるものは、法律上当然に相続分に従い分割され、各相続人に帰属します（最判昭和34年６月19日民集13巻６号757頁）。なお、この判例の考え方は、金銭債務の他の可分債務の場合にも妥当するとされます。

可分債務であるか否かは、債務の目的が、その性質上可分であるか否かによって定まります（430条）。金銭債務は、原則として可分債務であるといえますが、不可分債務であるとされる場合として、数人が共同して賃借人たる地位にある場合の賃料債務があげられます（大判大正11年11月24日民集１巻670頁）。したがって、たとえば賃借人が死亡し、同人を複数の相続人が相続した場合は、上記最判昭和34年の規律は妥当せず、その後の賃料債務は不可分債務（連帯債務の規定が準用されます（430条））となります。

相続分に従った分割とは、遺言による相続分の指定（902条）がある場合は指定相続分に、ない場合は法定相続分に従った分割が行われることを意味します。

2 相続分の指定の相続債権者に対する効力

相続させる遺言（特定財産承継遺言）は、遺産の分割の方法の指定として遺産に属する特定の財産を共同相続人の一人または数人に承継させる旨の遺言ですが（1014条2項）、その対象となる財産の価額が法定相続分を超える場合には、相続分の指定を含む遺産分割方法の指定であると解されています（最判平成14年6月10日家月55巻1号77頁）。

相続分の指定がされた場合、指定の効力は相続債務にも及び、各相続人が相続債務について指定相続分の割合により負担することになります。ただし、以上の相続分の指定は、相続債務の債権者（相続債権者）の関与なくされるものですので、相続債権者に対してはその効力は及びません（最判平成21年3月24日民集63巻3号427頁）。

相続分の指定がある場合の相続債権者の権利の行使について定めるのが902条の2（平成30年法律第72号による民法改正（相続法改正）により新設）です。同条は、相続債権者は、相続分の指定がされた場合であっても、各共同相続人に対し、法定相続分に応じてその権利を行使することができることが原則であることを定めたうえ、その債権者が共同相続人の一人に対してその指定された相続分に応じた債務の承継を承認したときはこの限りでないことを定めています。

以上の規定から、本件の場合でいえば、相続債権者であるEは、B、C、Dに対し、それぞれ、その法定相続分に応じた額である600万円（1,800万円×1/3）を支払うよう求めることができますし、また、指定相続分に応じ、

Ｂに対し1,800万円全額の支払を求めることもできます。法定相続分に応じた支払を求められたＣ、Ｄは、自らの指定相続分がゼロであることをＥに対し主張することはできません（遺言の内容を盾に、Ｅに対する支払を拒むことはできません）。ＥがＢに対し全額の支払を求めた場合は、Ｅは、Ｃ、Ｄに対し600万円の支払を求めることはできなくなります。

法定相続分を下回る相続分の指定（本件におけるＣ、Ｄのように相続分がゼロとされた場合を含みます）を受けた相続人が、相続債権者に対し、法定相続分に従った支払を行った場合は、共同相続人間の求償の問題として処理されます。本件でいえば、ＣやＤが600万円を支払った場合は、それぞれ、Ｂに対し600万円を支払うよう求めることが可能です。

以上は、相続させる遺言の場合の議論ですが、包括遺贈の場合にも同様に妥当すると考えられます。

3 免責的債務引受

ところで、以上の債務の相続の場面と直接かかわる議論ではありませんが、令和２年の債権法改正により、従来から解釈上認められていた債務引受が明文化されました（470～472条の４）。債務引受とは、債務者が負担する債務と同一内容の債務を、契約によって第三者が負担する概念であり、第三者が債務を負担した後も元の債務者が引き続き債務を負担するものを併存的（重畳的）債務引受といい、第三者が債務を負担した後は元の債務者が債務を免れるものを免責的債務引受といいます。

免責的債務引受は、債権者と引受人となる者との契約によってすることができ、この場合、免責的債務引受は、債権者が債務者に対して通知をした時に、その効力を生じます（472条２項）。また、債務者と引受人となる者が契約をし、債権者が引受人となる者に対して承諾することによってもすることができます（同条３項）。

免責的債務引受は、金融機関による債権管理の場面で用いられることがあります。債務者について相続が発生し、複数の共同相続人がある場合は、前記のとおり可分債務である金銭債務については当然に分割され、各相続人に帰属しますが、このように債務者が複数になることによって、各相続人の資力の有無に伴う回収不能のリスクが生じたり、また、消滅時効の関係での管理が煩雑になることなどから、相続人の一名に対し免責的債務引受を求めることがあります。

平成29年法律第44号による民法改正（債権法改正）前は、債務者の意思に反する免責的債務引受は認められないと考えられていました（大判大正10年5月9日民録27輯899頁）。そのため、金融機関において免責的債務引受を求める場合、共同相続人全員との間でその旨の合意を行うことが行われていましたが、改正法472条2項は債務者の意思に反しないことを要件としていません。そのため、同項のもとでは、以上のような共同相続人全員との合意は不要となったと考えられます（ただし、債権者の債務者に対する通知は必要（472条2項）ですので、共同相続人のうちに所在不明の者がいる場合に、どのように通知を行うかは問題になります。私見ですが、このような場合は、公示による意思表示（意思表示の公示送達）の方法（98条）によることが認められるのでないかと考えます）。

以上のとおり、相続分の指定がない場合や、それがあっても相続によって債務者が複数人になる場合（前記第2項で述べた902条の2により指定相続分に応じた債務の承継を承認したにもかかわらず、債務者が複数になる場合。たとえば、割合的に相続させる遺言であったような場合が考えられます）における金融機関の対応方法の一つである免責的債務引受について法改正があったことは、金銭債務の相続について学ぶ際にあわせ、頭に入れておいてよいことかと思われます。

4 本件の留意点

前記第２項で述べたとおり、相続債権者であるＥは、相続人Ｂ、Ｃ、Ｄそれぞれに対し、法定相続分に応じて権利を行使することができます（902条の２）。この場合、指定相続分がゼロとされたＣ、Ｄは、そのことを抗弁として主張することはできず、Ｅからの支払の求めを拒絶することはできません。

すべての遺産を相続するとされたＢが、債務の全額を支払うことができるのであれば、Ｂが全額を支払えば問題は起こりませんが、本件ではＢが直ちに全額を支払うこともむずかしそうです。

Ｃ、ＤがＥに対し法定相続分に応じた支払（それぞれ600万円の支払）を行った場合、Ｃ、ＤはＢに対しその求償を求めることができます。しかし、Ｂがこれらを直ちに支払うことができるかどうかも不透明であり、相続人間で紛争が生じる可能性があることは否定できません。仮に、Ｂ、Ｃ、Ｄ間でこのような紛争が生じたとしても、これは、遺言執行業務には直接関連しない事情ですので、日弁連と信託協会の合意書において、遺言執行業務について遺言執行者に就職すべきでないとされた「法的紛争が生じており、遺言執行業務を遂行することが著しく困難と認められる場合」（第１章Ｑ５参照）には直ちには該当しないと考えられるものの、相続人間の不和により、事実上、遺言執行業務が困難になる可能性があることは否定できないでしょう。以上もふまえ、慎重な対応が求められるケースであると考えられます。

事項索引

【あ行】

【か行】

【さ行】

【た行】

金融機関職員のための相続・遺言・遺言信託入門

2020年11月16日　第1刷発行

著　者　横　田　卓　也
　　　　山　﨑　悠　士
発行者　加　藤　一　浩

〒160-8520　東京都新宿区南元町19
発　行　所　一般社団法人　金融財政事情研究会
企画・制作・販売　株式会社　き　ん　ざ　い
出　版　部　TEL 03(3355)2251　FAX 03(3355)7416
販売受付　TEL 03(3358)2891　FAX 03(3358)0037
URL https://www.kinzai.jp/

DTP・校正：株式会社友人社／印刷：株式会社日本制作センター

ISBN978-4-322-13584-8